Un franc le volume

NOUVELLE COLLECTION MICHEL LÉVY

1 FR. 25 C. PAR LA POSTE

COMTE AGÉNOR DE GASPARIN

TROIS PAROLES DE PAIX

LA DÉCLARATION DE GUERRE

L'ALSACE NEUTRE

APPEL AU PATRIOTISME ET AU BON SENS

ENCORE L'ALSACE NEUTRE

QUATRIÈME ÉDITION

CALMANN LÉVY, ÉDITEUR

ANCIENNE MAISON MICHEL LÉVY FRÈRES

RUE AUBER, 3, ET BOULEVARD DES ITALIENS, 15

A LA LIBRAIRIE NOUVELLE

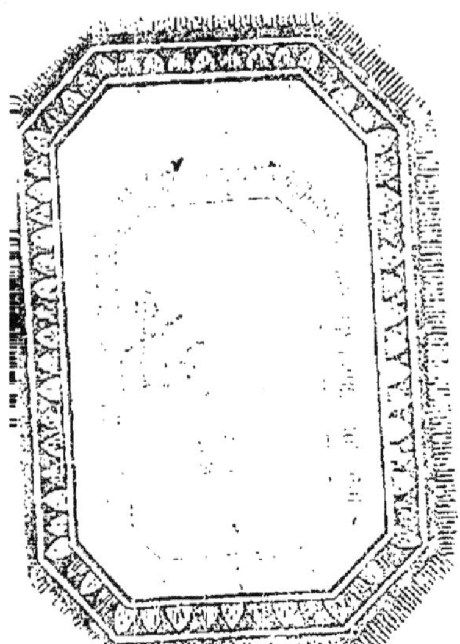

TROIS PAROLES DE PAIX

OUVRAGES

DE

M. LE COMTE AGÉNOR DE GASPARIN

L'Amérique devant l'Europe. — Principes et intérêts, 3e édition. Un volume grand in-18 .... 1 »
La Bible, 2e édition. Deux volumes grand in-18 .... 2 »
Le Bonheur, 8e édition. Un volume grand in-18 .... 1 »
Le Bon vieux temps, 3e édition. Un volume grand in-18 .. 3 50
La Conscience, 6e édition. Un volume grand in-18 .... 1 »
Discours Politiques. 5e édition. Un volume grand in-18. 1 »
Les Droits du Cœur, 3e édition. Un volume grand in-18. 1 »
Les Ecoles du doute et l'Ecole de la Foi, 3e édition. Un volume grand in-18 .... 1 »
L'Egalité, 4e édition. Un volume grand in-18 .... 1 »
L'Église selon l'Évangile, 2e édition. Deux vol. gr. in-18. 2 »
L'Ennemi de la famille, 5e édition. Un vol. grand in-18 .. 1 »
La Famille, ses devoirs, ses joies et ses douleurs, 11e édition. Deux volumes grand in-18 .... 2 »
La France, nos fautes, nos périls, notre avenir, 5e édition. Deux volumes grand in-18 .... 2 »
Un grand peuple qui se relève, 6e édition. Un volume grand in-18 .... 1 »
Innocent III, 4e édition. Un volume grand in-18 .... 1 »
La Liberté morale, 5e édition. Deux volumes grand in-18. 2 »
Luther et la Réforme au xvie siècle, 6e édition. Un vol. grand in-18 .... 1 »
Pensées de liberté, 5e édition. Un volume grand in-18 ... 1 »
Paroles de vérité, 5e édition. Un volume grand in-18 ... 1 »
Trois paroles de paix. 4e édition. Un volume grand in-18. 1 »
Appel au patriotisme et au bon sens. Brochure .... 1 »
La Déclaration de guerre, 2e édition. Brochure .... » 50
Les Réclamations des femmes, 3e édition. Brochure ..... 1 »
La République neutre d'Alsace, 2e édition. Brochure ...

OUVRAGES

DE L'AUTEUR DES HORIZONS PROCHAINS

Au bord de la mer, 2e édition. Un volume gr. in-18 ...... 3 50
Band du Jura. — Les Prouesses, 2e édition. Un vol... grand in-18 .... 3 50
— Premier voyage, 2e édition. Un volume gr. in-18 ..... 3 50
— Chez les Allemands. — Chez nous, 2e édit. Un volume grand in-18 .... 3 50
— A Florence, 2e édition. Un volume gr. in-18 .... 3 50
A Constantinople, 3e édition. Un volume gr. in-18 .... 1 »
A travers les Espagnes, 2e édition. Un volume gr. in-18. 3 50
Camille, 3e édition. Un volume gr. in-18 .... 3 50
Les Horizons célestes, 10e édition. Un volume gr. in-18. 1 »
Les Horizons prochains, 12e édition. Un volume gr. in-18. 1 »
Voyage au Levant, 4e édition. Deux volumes gr. in-18 .. 2 »
Les Tristesses humaines, 5e édition. Un volume gr. in-18. 3 50
Vesper, 7e édition. Un volume grand in-18 .... 1 »

F. Aureau. — Imprimerie de Lagny.

TROIS
PAROLES DE PAIX

LA DÉCLARATION DE GUERRE
L'ALSACE NEUTRE
APPEL AU PATRIOTISME ET AU BON SENS
ENCORE L'ALSACE NEUTRE

PAR

LE COMTE AGÉNOR DE GASPARIN

QUATRIÈME ÉDITION

PARIS
CALMANN LÉVY, ÉDITEUR
ANCIENNE MAISON MICHEL LÉVY FRÈRES
3, RUE AUBER, 3

1883

Ces paroles, cri suprême de douleur et d'amour, le comte Agénor de Gasparin les jetait à son pays, au milieu de l'ivresse des entraînements et du tumulte des batailles. — Peu de semaines après, il expirait : la guerre l'avait tué.

Dix ans se sont écoulés dès lors; le tonnerre gronde à l'horizon.

Nous envoyons à la France le message de son fils.

L'ÉDITEUR.

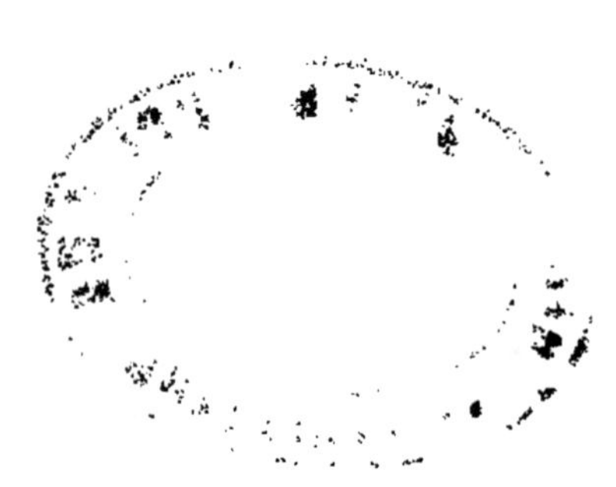

TROIS
PAROLES DE PAIX

LA
DÉCLARATION DE GUERRE

A M. LE RÉDACTEUR DU *JOURNAL DES DÉBATS.*

Gais, 18 juillet 1870.

Monsieur le Rédacteur,

Chacun doit avoir le courage de son opinion. Dans un moment comme celui-ci, le devoir de parler, de parler haut et net, s'impose, même à ceux qui, comme moi, sont devenus depuis longtemps étrangers aux affaires publiques. Si, du fond de ma retraite, j'élève une voix qui aura du moins le mérite d'être sincère et impartiale, c'est qu'il me semble qu'en me taisant, je commettrais une véritable lâcheté. J'aime trop mon pays, et j'aime trop aussi la justice, pour ne pas protester contre l'unanimité prétendue des passions belliqueuses qui cherchent à nous entraîner.

Eh bien, non, ces passions ne sont pas du tout unanimes. Il y a en France, et je le sais, un nombre très considérable de citoyens qui ne croient ni à la nécessité ni à la légitimité de la guerre contre la Prusse. Ces citoyens n'iront pas crier dans les rues, ils n'insèreront pas d'articles dans les journaux ; mais ils aiment la paix, ils y tiennent, ils ont voté pour elle, et ils s'étonnent un peu que leurs représentants l'aient déjà oublié. Ces citoyens ne verront pas commencer une guerre qui n'est point justifiée à leurs yeux, ils ne verront pas verser le sang à flots, ils n'assisteront pas à un conflit qui blesse leur conscience, qui menace peut-être l'avenir de toute une génération, ils ne subiront pas les angoisses réservées aux pères de famille, et par-dessus le marché l'accroissement indéfini de nos conscriptions, de nos dettes, de nos impôts, sans se rendre de mieux en mieux compte d'un sentiment qui est encore à l'état d'instinct, d'un sentiment qui passera bientôt à l'état de conviction énergique, de résistance obstinée. Je crois qu'on fera bien de tenir compte de ces gens-là, peu bruyants en général, lents à se décider, et qui pourtant auront le dernier mot.

Or, voici ce que leur dit leur bon sens, mieux encore leur conscience :

En premier lieu (toute la question est ici), ils n'ont jamais compris que la France eût à chercher *une revanche de Sadowa*. Ils ont ignoré jusqu'à présent, qu'à Sadowa la France eût été vaincue avec l'Autriche, ou que les Prussiens eussent manqué à leur devoir envers nous, en ne se laissant pas battre. Ils ont une trop grande idée de l'honneur français pour le croire compromis, parce que quelqu'un d'autre s'est permis de gagner une grande bataille en Europe, et ils ont une trop haute idée de la puissance de la France, pour croire qu'elle soit mise en péril parce que l'Allemagne s'organise. Les vieilles théories d'équilibre reposant sur la division et la faiblesse de nos voisins, leur semblent avoir fait leur temps et ils regarderaient comme un crime de verser pour de telles théories une seule goutte de sang.

Lorsque la déclaration du duc de Gramont a éclaté comme un coup de tonnerre dans un ciel serein, ces citoyens ont d'abord pensé que nous avions reçu quelque injure mortelle, que le pays était en péril, que l'on s'était vainement adressé à la Prusse par ces voies diplomatiques qu'un gouvernement épuise d'ordinaire, avant de prononcer des paroles de défi, avant de donner le signal aux susceptibilités nationales et militaires, si faciles à surexciter chez nous. Puis ils ont reconnu, à leur très grande surprise, d'un côté que les représentations secrètes et amiables n'avaient pas précédé l'explosion et qu'on avait commencé par la fin, de l'autre que la candidature du prince de Hohenzollern, plus Murat d'ailleurs que Prussien, ne pouvait être une surprise pour nous. M. John Lemoinne en parlait il y a plusieurs mois dans votre journal, et les feuilles allemandes n'ont cessé d'en entretenir leurs lecteurs.

Il y a mieux encore, cette candidature a été retirée, et alors les citoyens dont je parle se sont dit qu'à moins de vouloir la guerre et de chercher un prétexte, l'affaire était terminée. Le retrait de la candidature, annoncé par le père du prince, était officiellement communiqué à notre gouvernement par l'ambassadeur d'Espagne.

Quelle n'a donc pas été la surprise (et ce mot est insuffisant ici) des amis sincères de la paix, lorsqu'ils ont appris que rien n'était fini ! Des journaux violents, qui ne ménageaient pas les termes et qui disaient crûment les choses, nous apprenaient qu'il fallait imposer à la Prusse, non une renonciation, mais une humiliation ; c'est-à-dire qu'il fallait absolument la guerre. *La guerre à tout prix*, remplaçait ce qu'on avait nommé autrefois *la paix à tout prix.*

Que pouvait faire le roi de Prusse ? Il venait de déclarer à notre ambassadeur qu'il avait déconseillé la candidature ; il en approuvait le retrait. En voyant qu'on lui demandait autre chose, il était naturel qu'il se rappelât cette communication au Corps législatif ayant le caractère d'un *ultimatum*, par laquelle notre ministre des affaires étrangères avait débuté, avant tout pourparler.

Les citoyens français qui n'ont pas de revanche à prendre de Sadowa, peuvent regretter que le roi n'ait pas jugé convenable de redire une fois de plus, à M. Benedetti, qu'il avait déconseillé une candidature désormais retirée en fait, ce dont l'Espagne avait pris acte. Mais, quant à trouver dans le refus de dire cela une fois de plus un motif, ou même un prétexte de guerre; quant à penser que cela nous autorisait à inonder l'Europe de sang, ils en sont fort éloignés, je vous assure.

La communication de M. Ollivier les a consternés et navrés. Entre ces petits incidents d'étiquette et cette conclusion effroyable: la guerre déclarée! la disproportion leur semble si forte, que leur conscience s'indigne autant que leur raison proteste. Ils s'épouvantent de la responsabilité, bien lourde, hélas! qu'on veut faire peser sur leur pays

M. de Bismark a adressé une note aux puissances étrangères sur ce qui s'est passé! Est-ce bien étrange, après la déclaration de M. de Gramont?

L'Allemagne fait des préparatifs militaires! N'en faisons-nous point, et lesquels sont les plus avancés?

Je le répète, ce qui alarme le plus chez nous les amis de la paix, c'est de voir à quel point les prétextes tant soit peu sérieux font défaut.

Notez que ces amis de la paix sont en même temps amis de la liberté. Or, ils ne peuvent pas ne pas se rappeler qu'en France, la grande guerre et la liberté marchent rarement ensemble.

La grande guerre ! ce mot est ici à peine suffisant. A quel écolier fera-t-on croire qu'il s'agit d'une courte campagne ? Ce ne sont pas deux armées, ce sont deux nationalités, presque deux races, qu'on se prépare à mettre aux prises. Supposez même un Iéna, rien ne sera terminé. L'Allemagne, blessée tout entière au cœur et pour l'unité de laquelle nous aurons fait plus que M. de Bismark, l'Allemagne demeurera profondément hostile. Les hommes de Iéna, en définitive, sont ceux qui ont soulevé l'Europe contre nous, qui ont occupé Paris en 1814 et fixé la fortune de Waterloo en 1815.

Telles sont les pensées qui deviennent chaque jour plus claires chez nos concitoyens amis de la paix. Aucune victoire, aucun accroissement du territoire, n'atténuera pour eux l'inconsolable douleur de voir blesser la justice au nom de leur patrie.

Et leur nombre croîtra. Pour peu que la guerre se prolonge, quand nos classes agricoles seront atteintes, quand nous serons décidément engagés sur la route qui mène au dernier homme et au dernier écu, alors on s'apercevra que, s'il est coupable de faire la guerre quand elle n'est pas indispensable, il est imprudent de prendre pour la volonté d'un peuple une explosion provoquée par un ministre, les clameurs de la rue, l'entraînement momentané des masses à la suite du drapeau, les ardeurs enfin des ennemis de la liberté parlementaire, qui se servent d'une guerre pour regagner le terrain perdu.

Je n'ai pas hésité, monsieur, à vous adresser ces lignes. Qu'elles me compromettent, tant pis ! J'aurai obéi au devoir, et réclamé autant qu'il était en moi, contre un acte que ma conscience désavoue.

Dira-t-on qu'en agissant ainsi, je manque

de patriotisme? Fox et ses amis se croyaient très patriotes, quand ils condamnaient en plein parlement la guerre contre la France. On nous mènerait loin avec cette phrase à effet : « Le drapeau est engagé ; nous n'avons plus qu'à le suivre. » C'est-à-dire que nous ne devons plus ni parler, ni écrire, ni penser, sans doute. Jamais maxime de despotisme ne fut mieux inventée. On brusque une déclaration de guerre ; on engage le drapeau ; et ensuite, silence à l'opinion ! silence à la tribune ! Le drapeau est engagé !

Mais, si le drapeau est engagé, notre conscience l'est aussi, et nous ne voulons pas, et nous ne pouvons pas accepter la moindre part de responsabilité morale, dans une tuerie que rien ne légitime à nos yeux.

Il y a, paraît-il, deux genres de patriotisme. Il y a le patriotisme qui suit le drapeau où qu'il aille, fût-ce le drapeau de Leclerc allant rétablir l'esclavage à Saint-Domingue ; il y a le patriotisme qui lutte à ses risques et périls, contre tout ce qui lui semble compromettre l'honneur du pays. Pour ce patriotisme-là, l'honneur du pays, ce n'est pas de gagner beaucoup de batailles, c'est de pratiquer la justice et de devenir le représentant, le patron de toutes les causes généreuses. Ce patriotisme-là a aussi ses ambitions, comme vous voyez, et il ne rêve pas pour le pays un rôle médiocre.

Objectera-t-on que les réclamations des amis de la justice et de la paix arrivent trop tard ? En tout cas, ce n'est pas leur faute, et l'affaire a été si rudement menée, sa conclusion se trouvait si bien dans son premier acte, que nous sommes excusables de ne pas arriver à temps.

Et puis, est-il bien vrai que nous n'arrivions pas à temps ? Ce serait faire injure aux hommes qui nous gouvernent, de supposer qu'au moment de tirer le premier coup de canon, qu'au moment de mettre en jeu toutes les ingénieuses machines à tuer qu'on a inventées, ils n'éprouveront pas quelque honorable hésitation. Quand l'heure sonnera où l'on commencera, en fait, ce qui peut avoir pour tous les peuples des conséquences incalculables, qui sait si l'intervention fermement pacifique de pays impartiaux, tels que l'Angleterre, ne parviendra pas à empêcher la rencontre fatale? Qui sait si, plus tard même, le rétablissement de la paix ne serait pas rendu plus prompt et plus facile, par cela seul que la guerre a des adversaires déclarés en France?

En tout cas, il était nécessaire que ceci fût dit. Pour les consciences blessées, il n'y a qu'un soulagement possible, la protestation.

Beaucoup d'autres pensent comme moi; mais dussé-je être seul, je n'en soulagerai pas moins mon cœur en publiant cette protestation et en la signant.

A. DE GASPARIN,
Ancien député.

P.-S. — Les historiens qui voudront s'expliquer pourquoi le roi Guillaume n'a pas accordé une audience de plus à notre ambassadeur, ne feront pas mal peut-être de se rappeler que M. de Gramont, interpellé au Corps législatif sur la question de savoir si la demande relative à la candidature Hohenzollern était *la seule* qui fût *présentée* par nous à la Prusse, a *refusé de répondre*. Ce refus, rapproché de la première communication apportée par M. de Gramont à la tribune, avait une signification dont on a dû être frappé à Ems comme à Paris. M. E. Ollivier, seul, semble n'avoir pas compris.

Je tiens à le dire, pour ceux qui ne me connaissent pas; personne n'a blamé plus sévèrement que moi, plusieurs des procédés de M. de Bismark en 1866; mais les torts de M. de Bismark en 1866 ne changent absolument rien à ce fait, aussi clair que la lumière du jour : Notre gouvernement en 1870 fait la guerre, parce qu'il la veut.

LA
RÉPUBLIQUE NEUTRE D'ALSACE

SOMMAIRE

UN PROJET DE TRANSACTION

Nécessité de mettre fin à cette terrible guerre. Les deux programmes absolus. Une transaction s'offre naturellement : ne donner l'Alsace ni à l'Allemagne ni à la France, la donner à elle-même. C'est devant l'opinion publique, que la négociation doit être transportée. Examen des propositions qui n'atteignent pas le but. Exposé du projet de transaction : l'État nouveau laisserait la Lorraine à la France, à l'exception du district qui parle allemand; toutes les forteresses d'Alsace et de Lorraine seraient rasées. L'Allemagne obtiendrait ainsi la sécurité de sa frontière, et le traité imposerait un sacrifice à la France, sans attenter à son honneur et sans opérer un trop grand déplacement de forces. La conquête créerait une situation provisoire; l'indépendance créera une situation définitive. Il y a en Alsace une vraie nationalité : république de Strasbourg et de Mulhouse. Quoique petit, le nouvel État ne manquera pas de force; et d'ailleurs l'Europe, si elle veut la paix, veillera sur la zone neutralisée.

L'INTÉRÊT DE LA FRANCE

Le premier intérêt de la France, c'est celui de son honneur. Comment l'honneur français serait compromis par l'abandon de l'Alsace et de la Lorraine. Essai d'étude sur le droit de conquête, et aussi sur le vote des populations. En quoi consisterait précisément le sacrifice de la France. C'est quelque chose d'enfanter un pays libre. Aucun traité plus favorable ne saurait être conclù par la France. Les illusions de la guerre à outrance : l'Allemagne ne s'est pas engagée à nous suivre partout où nous voudrions aller; il est probable que, si elle prend Paris, elle retournera chez elle en gardant des gages, et qu'elle ira nous attendre dans le quadrilatère de Metz, Strasbourg, Belfort et les Vosges, renvoyant chez elle ses landwehrs. On ne refait pas 1792. D'ailleurs la guerre à outrance, qui ne présente aucune chance sérieuse, aurait le double inconvénient de nous endurcir et de nous asservir. Sans la paix, point de liberté. Sans la paix, point de relèvement. Ce que peut être le relèvement par la liberté. Aucune perte de territoire, aucune défaite ne tue un grand peuple; on ne meurt que de la maladie intérieure.

L'INTÉRÊT DE L'ALSACE

Pourquoi nous supposons qu'elle aura la forme républicaine. L'Alsace neutre sera le plus heureux pays du monde. Grandeur des petits pays, particulièrement des pays neutres. Situation financière, militaire, diplomatique, commerciale, religieuse. L'Alsace neutre pourrait devenir un pays modèle. Mais triste sort de l'Alsace conquise.

L'INTÉRÊT DE L'ALLEMAGNE

L'Allemagne est unanime, dit-on, en faveur de la conquête. Motifs d'espérer que son opinion sur ce point, et celle de ses hommes d'État, pourront se modifier. Aucune offre sérieuse ne lui a été encore faite ; celle-ci brise la force agressive de la France sur la frontière allemande et introduit un changement considérable. — Mais l'Alsace restera française de cœur! Réponse à cette objection. La conquête, c'est le provisoire; l'indépendance, c'est le définitif. Un peuple libre et heureux fait lui-même la police des intrigues. D'ailleurs, la garantie européenne prend une grande valeur dès que la zone neutralisée devient une institution d'intérêt général. La conquête de l'Alsace ne peut être utile à l'Allemagne que si l'Allemagne songe à attaquer. En donnant les mains à la transaction, elle démontrerait qu'elle poursuit un seul but : assurer sa sécurité. L'opinion se tourne contre elle, et elle doit y prendre garde. — Mais la France cherchera une revanche, et il faut que l'Allemagne prenne position pour cette guerre inévitable! Réponse. Après une paix honorable, d'autres sentiments prévaudront. Action produite par l'horreur de la guerre actuelle, par la suppression des armées permanentes et par l'institution des landwehrs. La paix modérée sera seule une paix signée. Seule elle permettra à l'Allemagne de réaliser son unité. Par la conquête, l'Allemagne sacrifierait la grande politique à la petite, elle tournerait le dos au magnifique rôle qui peut être le sien. La grande politique, c'est la politique pacifique et généreuse.

L'INTÉRÊT DE L'EUROPE

Il faut fermer la porte des guerres. Il semble qu'on est tenu à laisser cette porte ouverte, à interrompre la zone neutralisée, pour que la France et l'Allemagne puissent s'attaquer. Cette quatrième neutralité fortifiera les trois autres ; on ne respectera véritablement les pays neutres que lorsqu'ils feront partie d'un ensemble, d'un même boulevard : le boulevard de la paix européenne. Cette grande institution peut seule fournir une base à l'arbitrage et à la police de la paix. Il faut plus que la paix, il faut l'apaisement.

Avec une nation d'irréconciliables, la paix ne serait qu'une veillée des armes. Et puis, un trop grand déplacement des forces romprait tout équilibre. Les prépotences appellent les réactions. Trouble profond qu'introduirait en Europe l'affaiblissement excessif de la France. D'autre part, il importe à l'Europe que l'Allemagne absorbe la Prusse, au lieu d'être dominée par elle. Avec la conquête, l'Allemagne s'efface derrière la Prusse. Avec la conquête, la guerre indéfinie. Avec la conquête, le principe des nationalités, *pangermanisme*, *panslavisme*. Avec la conquête, une France révolutionnaire, l'incendie menaçant tous les États. La zone neutralisée prévient tous ces malheurs, et donne à l'Allemagne son grand rôle de puissance conservatrice et libérale.

CONCLUSION

Appel à l'esprit de paix. Ce que produisent les sentiments haineux. Nos maximes unilatérales. Soyons justes envers nos ennemis, et, tout en réprouvant ce qu'ils font de mal, sachons nous mettre à leur place. Appel à l'esprit de liberté. Il est temps de renoncer à la théorie du silence. Il est temps de consulter la France sur ses plus grands intérêts. Les deux patriotismes; ils sont en présence aujourd'hui comme au moment de la déclaration de guerre. Appel à la médiation européenne. L'heure est suprême; les destinées de l'Europe vont se fixer pour longtemps.

AVANT-PROPOS

Peut-être est-ce un crime de prononcer aujourd'hui des paroles d'équité et de paix [1]? Ce crime, je l'ai commis deux fois. Le lecteur peut en croire celui qui a reçu les coups. On malmenait fort, il y a quatre mois, quiconque se permettait d'aimer assez la France pour lui dire la vérité. Lorsque le 18 juillet, plusieurs semaines avant le premier coup de canon, j'exprimais un sentiment qui était celui de bien des gens, un sentiment que tout le monde maintenant prétend avoir éprouvé, je ne rencontrais que désapprobation.

Voilà mon premier crime, il convenait de le rappeler au moment de commettre le second. Je n'ai pas attendu nos désastres pour protester contre la guerre. Avant de m'af-

1. Je publie, sous forme de brochure, les articles auxquels le *Journal de Genève* vient de donner une si sympathiqu et si libérale hospitalité.

fliger comme malheureuse, elle m'avait blessé comme injuste. D'autres lui ont reproché d'avoir été mal préparée; je lui ai reproché d'immoler le repos de l'Europe, l'avenir de la France, la civilisation et la liberté, avec une précipitation, avec une étourderie, avec un oubli du bon droit et du bon sens qui révoltaient ma raison autant que ma conscience. Quant aux conséquences effroyables de la déclaration de guerre, je ne me faisais aucune illusion. Voici comment je les signalais :

« A quel écolier fera-t-on croire qu'il s'agit d'une courte campagne? Ce ne sont pas deux armées, ce sont deux nationalités, presque deux races qu'on se prépare à mettre aux prises [1]. »

Ma conviction aujourd'hui est aussi claire, aussi ferme qu'elle était alors. Nous pouvions, nous devions écarter la guerre ; nous pouvons, nous devons y mettre un terme. Une

1. *La Déclaration de la guerre*, page 11.

transaction honorable s'offre à nous. La France, proposant elle-même la république neutre d'Alsace, déterminerait un tel courant d'opinion dans toute l'Europe, à commencer par l'Allemagne, que nul n'essaierait d'y résister. La médiation trouverait, dès cet instant, la base qui lui a manqué jusqu'ici; elle parlerait haut et se ferait écouter.

Dans ma jalousie pour mon pays, je souhaite ardemment, je l'avoue, qu'il prenne cette noble initiative ; qu'ayant eu le tort de troubler la paix, il ait le mérite de la rétablir, et de la rétablir ainsi.

Il n'a plus une heure à perdre ; le triste incident du Luxembourg nous le dit assez. C'est la politique de la guerre éternelle qui tente en ce moment les Conseils du roi Guillaume, qui ose même se produire effrontément en pleine Angleterre. A la politique de la guerre éternelle, opposons la politique de la paix définitive, de la paix loyale, assurant à l'Allemagne les garanties qu'elle réclame, imposant à la France un très grand sacrifice, mais ne lui imposant rien qui soit contraire à son honneur.

Il faut mettre en présence les deux politiques ; les hommes sensés choisiront.

L'une ferme la porte des guerres ; l'autre prend soin de l'élargir. L'une supprime la contiguïté entre la France et l'Allemagne ; l'autre accroît cette contiguïté, et s'arrange pour qu'on soit moins gêné dans les prochaines campagnes qu'on ne l'a été dans celle-ci. L'une affermit les neutralités en les complétant ; l'autre affaiblit toutes les neutralités en montrant avec quel sans-façon on les traite. L'une donne à la zone neutralisée le caractère d'une institution européenne, précieuse pour tous, garantie par tous, gardée par tous ; l'autre s'attache à battre en brèche cette institution, qui menacerait de rendre les guerres plus rares et de donner enfin du repos à notre vieux monde épuisé. L'une crée un nouvel État indépendant ; l'autre supprime, au mépris d'un traité solennel, une des indépendances existantes. L'une fait appel à la liberté, l'autre proclame le règne de la force. L'une apporte la vraie paix aux petits États comme aux grands ; l'autre avertit les grands qu'ils ne cesseront jamais de combattre, et dit aux petits que la menace d'une suppression sommaire plane dorénavant sur leur avenir.

J'ai essayé de présenter ici la première de ces politiques. Ne désespérons pas, alors même que la seconde viendrait à prévaloir. Les triomphes de la violence sont courts ; l'heure du bon droit finit par sonner. En fût-il autrement, nous ne regretterions certes pas d'avoir dit ce qui est vrai, et proposé ce qui est juste.

On le voit, je ne publie pas un livre, j'accomplis un acte. Puissé-je être entendu !

Ma voix est faible ; il ne sera pas difficile de l'étouffer une seconde fois sous les clameurs.

Valleyres, 14 décembre 1870.

UN PROJET DE TRANSACTION

I

Il faut que cela finisse ; le poids de cette affreuse guerre ne se peut plus supporter ; de toute part en Europe on réclame à mains jointes la paix ; et le cri de douleur poussé l'autre jour par vingt mille femmes, n'a fait qu'exprimer le sentiment qui oppresse la conscience universelle. On a cessé, j'ose presque le dire, de s'intéresser à la guerre. Elle n'est plus que triste ; la tristesse domine seule désormais, elle écarte les autres impressions.

Mais si la paix est nécessaire, comment deviendra-t-elle possible?

Telle est la question qui se pose, et j'avoue qu'elle fait naître en moi des angoisses patriotiques que je n'avais pas éprouvées après Sadowa.

La douleur de la déclaration de guerre a été bien poignante; la douleur de la prolongation de la guerre ne le cède en rien.

Que faut-il faire? Il faut en finir. Mais comment en finir? Un seul moyen se présente, la transaction.

Lorsque l'on est très éloignés l'un de l'autre, il n'est possible de se rencontrer qu'à la condition de faire chacun une partie du chemin.

J'écarte la supposition qui fait faire tout le chemin à un seul. Ceci, c'est l'écrasement.

Je me refuse à penser que personne le veuille. Au reste, vouloir l'écrasement, ce serait vouloir la lutte indéfinie, la guerre à outrance.

Ni armistice ni paix ne pourront se négocier, tant que deux volontés inflexibles seront aux prises. La difficulté est là; diplomates et médiateurs n'obtiendront quoi que ce soit, aussi longtemps qu'on ne pourra pas se rencontrer sur un terrain commun. L'habileté est ici en pure perte; ce qu'il faut, c'est de la modération et du bon sens.

Je défie les plus habiles d'amener un accord quelconque, entre la France et l'Allemagne, si les deux programmes absolus restent en présence : d'un côté, pas un pouce de notre territoire; de l'autre côté, annexion de l'Alsace et de la Lorraine, y compris Metz.

Ou une transaction interviendra, ou le duel des deux nationalités aux prises réalisera toutes les horreurs que nous avions pressenties au mois de juillet. De part et d'autre, on s'obstinera avec la ténacité qui caractérise les luttes suprêmes; la guerre à outrance amènera un progrès dans la férocité, devant lequel devront reculer tous les autres progrès du XIXe siècle.

Heureusement, un point de vue intermédiaire apparaît entre les points de vues opposés des deux pays. L'Allemagne veut s'annexer l'Alsace ; la France veut la garder. Pourquoi ne prendrait-on pas le parti de ne donner ce pays ni à l'une ni à l'autre, le parti de le donner à lui-même ?

Un pays indépendant et neutre comme la Belgique et comme la Suisse, semble trouver sa place naturelle et remplirait certes un rôle important entre les Germains et les Gaulois.

Avouez que cette fois (je ne dis pas toujours), le juste milieu est la justice ; la justice et la liberté.

Voilà, si je ne me trompe, de quel côté se rencontrera la solution que cherchent avec anxiété tous les hommes de cœur, tous ceux du moins qui ont conservé assez de sang-froid, pour voir la situation telle qu'elle est. Comment échapper à l'inexprimable douleur de livrer à nos adversaires des compatriotes dévoués, courageux, et qui viennent de souffrir pour notre cause?

Comment offrir aux Allemands, en dehors de ce déplorable abandon, les garanties de sécurité qu'ils réclament et que notre attaque récente, s'ajoutant à des attaques anciennes, a rendues nécessaires à leurs yeux? L'Alsace neutre et le rasement des forteresses répondent à cette double question et concilient ce qui paraissait inconciliable.

Je l'affirme, il me reste à le démontrer.

Puisque les médiations des gouvernements sont demeurées impuissantes, il est temps d'essayer une autre médiation, celle de l'opinion publique.

Si j'ose mettre en avant un tel projet, c'est que je n'engage que moi.

Je n'ai aucun droit, assurément, à parler au nom de la France, et aucun parti ne m'a donné mission de parler en son nom. Je n'ai même consulté ni parents ni amis, tenant à en partager avec personne la responsabilité d'une démarche dont je comprends la gravité.

Il est bon d'ailleurs, que les idées fassent leur chemin toutes seules : cette épreuve de l'isolement leur est salutaire ; on est sûr que si elles réussissent, elles ne le doivent qu'à leur propre valeur.

Celle-ci a de médiocres chances, je ne le sais que trop. Lorsqu'une proposition un peu nouvelle se présente, le premier mouvement est de lui courir sus ; les objections naissent en foule, les côtés faibles sont vite signalés. Or, il n'y a pas de projet qui n'ait ses côtés faibles, celui-ci a les siens ; je les connais, ils m'ont tous frappé, et je les indiquerai. Mais peut-être en sera-t-il des autres comme de moi ; si les objections se sont présentées les premières à mon esprit, une impression bien différente est venue ensuite ; plus j'y réfléchis, plus je me suis affermi dans cette pensée que la seule solution pratique et réellement pacifique, se trouve là. Je ne désespère pas d'en convaincre les hommes raisonnables et sincères, les vrais amis de la paix en France, en Alsace, en Allemagne et en Europe.

Cela ne se fera pas tout seul sans doute, et les indignations ne feront défaut nulle part. En France, bien des gens s'imaginent qu'il ne faut rien céder, que la levée en masse et la guerre à outrance sont à la veille d'anéantir les Allemands ; n'entendons nous pas dire qu'il ne faut pas même consentir à une contribution de guerre ! L'Allemagne, de son côté, traitera de suspecte toute proposition qui ne sera pas l'annexion des provinces ; il lui faut cela ; ses stratégistes et ses hommes d'État l'ont déclaré, sa population unanime le veut, sa sécurité est à ce prix, elle n'a pas versé son sang à flots pour obtenir moins que cela.

La modération fait triste figure au milieu des passions surexcitées ; les partisans d'une paix raisonnable risquent fort de passer pour des traîtres aux yeux des Français et des Allemands.

Je ne me fais donc aucune illusion sur l'accueil qui attend mon projet à sa première entrée dans le monde. C'est le sort des transactions, d'avoir d'abord tout le monde contre elles et d'être malmenées par les esprits superficiels et absolus. Les seules transactions qui trouvent des champions, ce sont celles qui manquent de sincérité, qui n'ont de la transaction que l'apparence, et qui donnent en réalité gain de cause à un seul parti.

Nous sommes à un de ces moments de l'histoire où les violents ont la parole et où les résolutions extrêmes font fortune. Est-ce une raison pour se décourager et se taire? Nos silences nous créent tant de repentirs depuis quelques mois, que décidément nous devons parler. Il s'agit d'obéir, non de réussir; il s'agit de servir la vérité, quelles que soient ses chances.

Et qui sait! Peut-être réussirons-nous Peut-être s'avisera-t-on, quoique un peu tard, d'arrêter le mal qui s'accomplit en pure perte, faute de savoir prendre un parti et de vouloir fermement la paix.

Il ne suffit pas de vouloir, il faut vouloir à temps. Au point de vue de l'Allemagne, que de misères évitées, si elle avait su retourner chez elle après Sedan, se contentant de prendre des gages et d'achever les sièges en Alsace et en Lorraine ! Au point de vue de la France, quelles chances de paix raisonnables et honorables on a laissées échapper, pour n'avoir pas proposé résolûment, après Sedan d'abord, après Metz ensuite, des bases que l'Allemagne pût accepter ! La base même que j'indique en ce moment aurait eu de bien autres chances, si notre gouvernement l'avait admise et présentée un peu plus tôt.

Entrons maintenant dans l'exposition du projet. Il serait puéril de se borner à l'énoncer ; ce serait vouloir ameuter tout le monde contre lui. Quelques mots lancés à l'aventure ne serviraient de rien, il est nécessaire de démontrer et de démontrer avec détail.

La négociation, je l'ai dit, se transporte sur un nouveau terrain. C'est l'opinion publique que nous avons à convaincre, c'est devant les deux pays que le projet de transaction doit se présenter. Les propositions d'armistice et les conversations à huis clos entre hommes d'État ont fait leur temps. Reste la propagande des idées. Elles ont leur manière à elles de négocier ; elles emploient des médiateurs qui s'appellent la conscience, le bon sens, l'humanité. Sans déclamation d'aucun genre, sans mauvaise habileté non plus, elles peuvent faire leur chemin.

Le lecteur sait déjà que je ne me flatte pas de rencontrer au début beaucoup d'encouragement ; mais la vérité est une grande puissance, et les grandes puissances de l'Europe feront bien de tenir compte de celle-ci. Les illusions de la France, les exigences de l'Allemagne compteront avec elle en définitive.

L'opinion réelle de la France se fera jour,

je l'espère, et alors nous en viendrons à comparer les sacrifices de la paix et les sacrifices de la guerre. Nous nous demanderons où nous mène la lutte à outrance ; nous nous demanderons en même temps si l'indépendance et la neutralité de l'Alsace ne seraient pas une solution conciliable avec notre honneur.

Quant à l'Allemagne, il y a sans doute chez elle une unanimité qui n'est pas sans raideur et qui approche parfois de la dureté. Mais l'Allemagne est un pays intelligent ; il ne sera pas dit qu'une idée sérieuse et loyale n'y soit pas sérieusement et loyalement débattue. Ne désespérons jamais du sort des idées justes dans les pays qui savent lire et penser. Au fond, l'unanimité passionnée et intolérante qui règne là-bas tient à la confiance que l'Allemagne met dans ses chefs. L'opinion de chaque Allemand peut se traduire ainsi : « Bismark et Moltke réclament l'annexion des provinces ; or, ils savent mieux que moi ce qu'il nous faut. » Que MM. de Bismark et de Moltke en viennent à admettre l'Alsace neutre comme une garantie suffisante de sécurité et de paix, l'opinion de l'Allemagne ne refusera pas de se modifier avec celle de ses hommes d'État.

II

Entrons en matière, et, pour commencer, écartons les projets qui n'ont aucune chance d'être proposés utilement.

On a parlé d'une occupation de fait remplaçant la cession de droit. Les troupes allemandes resteraient pendant un certain nombre d'années en Alsace et en Lorraine; ces deux provinces seraient administrées par l'Allemagne, puis, au bout d'un certain temps convenu, on les consulterait par un vote.

Les inconvénients sautent aux yeux. Le

vote final, lentement préparé, serait une vraie comédie. La situation des provinces, pendant cette période transitoire et sous le gouvernement d'une nation étrangère qui s'efforcerait de se les assimiler, ressemblerait beaucoup à la servitude. On sait, d'autre part, quels sont les périls du provisoire; autant le définitif pacific, parce que chacun s'accommode à ce qu'il ne peut changer, autant le provisoire est fécond en irritations et en griefs. Aucune prétention ne désarme; c'est l'état de guerre continué. Heureux si la guerre proprement dite ne sort pas de tant de frottements journaliers avant que le terme du provisoire ne soit arrivé!

Je cite pour mémoire la proposition de n'accorder à l'Allemagne d'autres avantages que le payement d'une contribution de guerre. L'argent ne fournit en aucune mesure ces garanties de sécurité que les Allemands poursuivent avec autant de persistance que de conviction.

Lorsqu'ils nous déclarent qu'ils n'ont pas

versé le meilleur de leur sang pour un sac d'écus, nous ne pouvons pas ne pas les comprendre.

Je crains que le démantèlement des places de l'Est ne soit pas de nature à les satisfaire beaucoup plus. Cet arrangement aurait eu peut-être des chances si l'on avait su le proposer à temps. Après Sedan, au lieu de proclamer la formule : « Pas un pouce de notre territoire, pas une pierre de nos forteresses, » il eût fallu prendre résolûment son parti, envisager la situation telle qu'elle était, et offrir courageusement le traité (le mot courage est bien placé ici), sur la base de la contribution de guerre et du démantèlement, en échange de la restitution des prisonniers. Strasbourg et Metz n'étaient pas encore pris; la concession avait une réelle valeur et pouvait servir de base à une paix honorable qui aurait laissé l'Alsace entre nos mains et nous aurait épargné les désastres survenus depuis lors.

Aujourd'hui, l'Allemagne peut nous dire

qu'elle n'a pas besoin de notre permission pour raser les places qu'elle possède.

Un autre plan, qui a obtenu quelque faveur en Angleterre et que le *Times* a recommandé, ajouterait au démantèlement des forteresses la garantie des puissances ; celles-ci s'engageraient à prendre fait et cause pour l'un ou l'autre des belligérants actuels, en cas d'attaques injustifiables. Mais qu'est-ce qu'une attaque injustifiable ? Indépendamment de ce moyen commode d'éluder l'engagement, personne ne se méprend sur le mérite de la garantie qu'un tel projet a la prétention d'assurer. On s'en est contenté pour la question du Luxembourg, parce qu'on voulait à tout prix sortir d'affaire ; ici la chose est tout autrement sérieuse, et je ne pense pas que le *Times* ait jamais espéré le succès de sa proposition.

Au bout de quelques années un grand pays ne tient un engagement de ce genre et ne déclare la guerre qu'autant que cela lui convient. Chez les Anglais en particulier, il suffirait d'un changement de ministère pour rendre une déclaration de guerre impossible. Tout autre est la portée de la garantie qui s'applique aux États neutres : il s'agit d'un principe qui intéresse l'Europe entière, qui l'intéressera toujours, dont la violation aura toujours le caractère d'un attentat et d'un péril européen.

III

Le projet que je me permets de suggérer contient une concession beaucoup plus large faite à l'Allemagne, en même temps qu'il s'arrête fermement à la limite où commenceraient pour la France les sacrifices que de justes répugnances rendent presque impossibles.

L'Alsace serait séparée de la France sans être livrée à l'Allemagne. Elle formerait un pays indépendant et neutre.

On n'y joindrait que cette petite portion de la Lorraine qui parle allemand et qui n'est réunie à la France que depuis 1801. De la sorte la Lorraine resterait française; on se contenterait de raser les fortifications de Metz et de supprimer ce terrible camp retranché où les Allemands voient le point de départ des attaques dirigées contre eux.

Les forteresses de l'Alsace seraient rasées aussi, non seulement Strasbourg et Belfort, mais aussi les places des Vosges et du Rhin. Ce démantèlement est indispensable pour deux motifs :

D'une part, on ne saurait imposer à un petit pays la charge écrasante d'entretenir ses forteresses et d'avoir une armée permanente pour les occuper.

D'autre part, les forteresses, si elles subsistaient, feraient naître des tentations perpétuelles; il vaudrait la peine de risquer un coup de main pour s'emparer d'un tel quadrilatère; l'Allemagne pourrait craindre qu'à l'aide des sympathies qu'elle excite, la France ne se remît un beau jour en possession d'une position importante qui faciliterait une nouvelle attaque. Avec le rasement de toutes les forteresses d'Alsace et du camp retranché de Metz, une semblable équipée ne mènerait à rien, et la France se mettrait sans profit dans son tort en violant une neutralité consacrée par l'Europe.

On voit quel est le caractère de ce projet : ne pouvant laisser l'Alsace à la France, éviter de la donner à l'Allemagne: la donner à l'Europe, à la paix publique et avant tout à elle-même.

Ainsi, nous écarterions une consécration nouvelle du droit de conquête; une population ne serait pas livrée sans son consentement, comme on livre un troupeau de bétail.

La France ne subirait pas l'affaiblissement qui lui serait infligé, si, perdant l'Alsace, elle la voyait transférée à l'Allemagne, et si, de plus, elle perdait Metz et une partie de la Lorraine française.

Enfin, les vœux de l'Allemagne seraient réalisés en ce qu'ils ont de manifestement légitime, puisque les forteresses seraient rasées et qu'un État neutre créé aux dépens de la France et participant aux garanties sérieuses des pays neutres, opposerait désormais un obstacle à nos agressions.

Je ne fais qu'indiquer ; j'aurai à développer et à démontrer plus loin.

IV

Et d'abord, écartons une objection qui se présente d'elle-même. Si elle était fondée, le projet entier croulerait par la base. Nous ne pouvons donc faire un pas de plus sans l'avoir examinée.

L'Alsace, dit-on, ne remplit pas les conditions en dehors desquelles un pays indépendant ne saurait subsister. Il lui manque une vraie nationalité, il lui manque une vraie force. Les neutralités ne sont sérieuses qu'autant qu'elles trouvent sur quoi s'appuyer. La Suisse possède une neutralité réelle, parce qu'elle possède aussi les moyens de la faire respecter : elle est une nation, et elle occupe une forteresse naturelle : les Alpes. La Belgique possède de son côté une neutralité réelle, quoique moins solide peut-être. L'Angleterre veille sur elle et ne permettra à personne de prendre possession d'Anvers.

S'il s'agissait d'une création artificielle et par conséquent provisoire, je serais le premier à m'élever contre cette neutralité de transition destinée à résoudre ou plutôt à éluder la difficulté actuelle, en préparant des difficultés futures. Les situations provisoires encouragent toutes les prétentions et font naître tous les conflits.

Personne n'en est plus convaincu que moi, mais je prétends que c'est l'Alsace neutre qui est définitive et que c'est l'Alsace conquise qui est provisoire.

Avec l'Alsace libre et neutre, la France désarme, l'Europe se calme, chacun accepte un moyen terme qui ne blesse l'honneur d'aucune puissance et qui a le mérite d'être libéral.

Avec l'Alsace conquise, tous les ressentiments subsistent, nul ne désarme, la France conserve la pensée fixe de reprendre ce qu'on lui a pris, la conquête ne se maintient qu'en attendant mieux, en attendant une guerre plus heureuse, en attendant une ambition de la Russie, en attendant les occasions et les alliances.

V

Mais on ne crée pas une nationalité : ce qu'un traité a fait, un autre traité pourra le défaire !

J'en conviens encore, et, quoique la Belgique ait été créée par un traité en 1830, je reconnais qu'un peuple ne peut vivre qu'autant qu'il a cet ensemble de traditions, ces souvenirs historiques, ces liens de la langue, des idées, du travail intellectuel, cette vie commune en un mot qui constitue l'individualité.

Sans individualité, il n'y a pas d'hommes;

sans individualité, il n'y a pas de nations. L'individualité seule résiste et subsiste.

Non, les nationalités ne se créent pas. Toutefois, si les traités ne peuvent les faire naître, les traités peuvent les ressusciter. Or, il y a eu une nationalité alsacienne.

L'histoire en témoigne et il est difficile d'en douter, pour peu que l'on considère de près cette province qui a conservé, presque seule entre toutes, un caractère qui lui est propre. Ce n'est pas seulement à la langue que je pense, quand j'affirme que l'Alsace est autre chose que deux départements : le Bas-Rhin et le Haut-Rhin. Elle est très attachée à la France, et en même temps elle est elle-même. Nous connaissons tous une littérature alsacienne, tenant à la fois de la France et de l'Allemagne, introduisant dans chacun des deux pays les idées de l'autre. C'est précisément le rôle réservé à l'Alsace neutre, la place qui lui est providentiellement marquée.

Je disais tout à l'heure que, si l'on ne

crée pas les nationalités, on les ressuscite quelquefois. Les Pays-Bas, longtemps possédés par l'Autriche, n'en ont pas moins retrouvé une nationalité réelle. La Grèce a retrouvé sa nationalité après la longue domination des Turcs. Genève et le Valais ont retrouvé leurs nationalités après la chute du premier empire.

Pour ressusciter, il faut avoir vécu sans doute : mais l'Alsace a eu pendant des siècles une vie très distincte et très libre. Sans remonter au temps de ses comtes et de ses ducs, parmi lesquels figurent des Hohenstaufen et des Habsbourg, nous voyons là de nombreuses républiques, entre autres Strasbourg.

Strasbourg se gouverne comme un État indépendant, lié à l'empire d'Allemagne au même titre que Genève, résistant mieux que Genève aux usurpations épiscopales, combattant à côté des Suisses aux batailles de Granson, de Morat et de Nancy. Il ne fallut rien moins que le guet-apens de Louis

XIV pour mettre fin à cette existence républicaine. Louis XIV fit précisément à Strasbourg la besogne que les ducs de Savoie tentèrent de faire à Genève. On sait pourquoi tant de gens parlent encore allemand à Philadelphie. Cela tient à l'émigration des Strasbourgeois et des autres Alsaciens fuyant la tyrannie de Louvois et les violences des Chambres de réunion. Voilà pourquoi, disons-le en passant, la liberté sous sa forme républicaine n'aurait rien de nouveau dans le pays neutre qu'il s'agirait de créer.

Cet État libre serait sans doute un petit État. Est-ce une raison pour qu'il soit incapable de remplir sa mission et de prêter à la garantie européenne le point d'appui dont elle a besoin ?

L'Alsace, entre le Rhin et les Vosges, est bien mieux délimitée, bien plus facile à défendre que la Belgique. L'Alsace possède d'ailleurs une population militaire, qui a fait ses preuves en tout temps et qui vient de les faire de nouveau ; les mœurs vigoureuses de ce petit pays, son goût pour la liberté modérée, son éloignement pour les extrêmes le rendent particulièrement capable de se gouverner et de se faire respecter.

En fût-il autrement, la neutralité de l'Alsace est à un tel point réclamée, je le montrerai, par les intérêts les plus essentiels de l'Europe, que la garantie des puissances lui fournirait la force qu'elle ne trouverait pas en elle-même.

Si la nationalité alsacienne manquait de cette consistance qu'elle possédera selon moi, si l'Alsace n'était pas un pays, eh bien, à défaut d'un pays, ce serait quelque chose d'avoir un espace. Oui, un espace neutralisé, un espace sacré, où ni la France ni l'Allemagne ne pourraient mettre le pied sans soulever contre elles toute l'Europe.

Lorsque la zone neutralisée aura été complétée par l'Alsace, elle deviendra évidemment une grande institution européenne. Pour la police de la paix, ce sera d'une importance suprême qu'il y ait là un espace neutre, à défaut même d'un vrai pays neutre. Il faut qu'un fait matériel mette en jeu, sans discussion possible, les forces de l'arbitrage européen

L'INTÉRÊT DE LA FRANCE

I

Le premier de nos intérêts, c'est celui de notre honneur. Je touche ici au point délicat, à la difficulté véritable, à l'explication de cette contradiction apparente : le désir de la paix et le rejet des conditions de la paix.

Oui, nous désirons la paix, mais les conditions qui y ont été mises jusqu'ici nous blessent. Comment sortir de là ? En essayant de réaliser la paix avec des conditions différentes.

Il ne me sera pas difficile de démontrer que celle dont je viens de donner un aperçu ménage les justes susceptibilités de l'honneur français, tout en assurant à l'Allemagne les garanties qu'elle poursuit, qui sont le seul but avoué et, je le crois aussi, le seul but réel de sa persistance à combattre.

Il y a un verre grossissant au travers duquel nous voyons toutes choses. Ce verre, c'est l'indignation un peu factice que l'idée de conquête soulève parmi nous, depuis que, au lieu de conquérir, nous courons le risque d'être conquis.

Je n'aime pas la conquête et je dirai pourquoi. Non seulement elle me blesse comme principe, mais dans son application à l'Alsace et à la Lorraine elle me blesse doublement. Ce n'est pas que l'honneur de la France soit d'une qualité particulière, c'est qu'il y a réellement un lien particulier entre ces provinces et nous. Elles viennent de combattre et de souffrir; leur attachement s'est fortifié par la souffrance même; il est en quelque sorte impossible d'acheter la paix, si nécessaire qu'elle soit, en livrant ces fidèles compatriotes à une domination qu'ils repoussent.

Voilà ce que je pense de l'abandon proprement dit; mais la création d'une Alsace indépendante est loin d'avoir le même caractère. Il suffit pour s'en assurer de réduire à leurs justes proportions les idées que nous nous faisons sur le droit de conquête. Envisageons le sujet de sang-froid.

L'abolition du droit de conquête sera l'un des plus beaux fruits de l'esprit de paix et de liberté. Aussi les amis de la paix et de la liberté (ces deux causes étroitement unies) sont-ils au fond les seuls adversaires sérieux du droit de conquête.

Comme amis de la paix, nous maudissons un usage qui n'a cessé, depuis que le monde existe, d'exciter les passions guerrières. S'il est vrai que la conquête peut être quelquefois le châtiment d'une agression injuste, il est bien plus vrai encore qu'elle constitue la tentation perpétuelle sans laquelle les agressions injustes seraient bien plus rares.

Comme amis de la liberté, nous réprouvons énergiquement un usage en vertu duquel les populations sont vendues comme on vendrait des troupeaux. Nous respectons trop l'âme humaine pour admettre qu'il soit loisible d'en disposer ainsi. Cela était bon pour l'époque païenne, cela était bon pour le moyen âge; donner des peuples par échange, par testament, par contrat de mariage, enfin par conquête, ajouter ou retrancher cent mille âmes, un million d'âmes à tel État, cela était bon pour ces temps d'obscurité et de tyrannie que l'esprit moderne, je l'espère, a définitivement remplacés.

Mais si le droit de conquête doit disparaître, je ne vois pas en vertu de quel motif nous imposerions à l'Allemagne le devoir d'inaugurer ce progrès, qui n'a encore été réalisé par personne. Je vois encore moins sous quel prétexte nous nous indignerions de ce qu'elle ne donne pas la première cet exemple, nous qui sommes partis pour Berlin, et qui, arrivés là, après une série de victoires, ne serions certes pas revenus sans annexer les provinces rhénanes.

On le voit, je ne conteste pas que la conquête ne soit contraire au droit; mais qu'est-ce que la guerre, sinon la négation du droit et son remplacement par la force? Tâchons d'abolir la guerre, ne nous flattons pas trop de l'adoucir.

A ce premier aveu ne craignons pas d'en joindre un autre: certaines conquêtes semblent tellement nécessaires, qu'on parvient malaisément à se persuader qu'elles ne se feront pas tôt ou tard, en vertu de la force même des choses. Comprenez-vous la France respectant à tout jamais les enclaves qui brisaient son unité il y a quelques siècles, la France sans la Normandie et sans le Poitou? Comprenez-vous la Prusse se résignant à être coupée en deux par le Hanovre, l'Italie renonçant à relier le nord au sud par l'annexion des États romains, l'Espagne se disant qu'elle ne possédera jamais Gibraltar?

Faisons un pas de plus, et nous nous trouverons sur ce terrain de la vérité qu'il ne faut jamais quitter si l'on veut juger avec bon sens. Le droit de conquête a été exercé par toutes les puissances sans exception jusqu'à ces derniers temps. Le scandale qu'il excite est de fraîche date. Nous avons conquis l'Algérie et la Cochinchine, et nous ne nous sommes guère inquiétés, que je sache, de la violence que nous faisions aux sentiments des populations. Il est vrai que c'étaient des Arabes et des Cochinchinois ; mais j'ai la faiblesse de considérer les Arabes comme des hommes, et je pense même (passez-moi ce paradoxe) que les Cochinchinois ont une âme, qu'ils ont une patrie, et qu'en disposant d'eux en vertu de la force, on froisse des sentiments dignes de respect.

Au reste, il y a mieux que cela. Une

grande république que nous aimons tous et qui marche en bien des choses à l'avant-garde de la civilisation, la république des États-Unis, s'est fait céder de vastes provinces, après l'expédition du Mexique; elle s'est annexé les populations sans les consulter, et nous n'avons pas songé à nous scandaliser alors. Nous ne nous sommes pas émus davantage lorsque les États-Unis ont négocié l'achat de l'Amérique russe, celui de la baie de Samana à Saint-Domingue, celui des îles danoises.

Ce n'est pas tout : l'Europe entière, dans un traité solennel signé à Paris il n'y a pas quinze ans, a stipulé la cession d'une portion de la Bessarabie. L'idée de s'informer des sentiments d'une population transférée purement et simplement de la patrie russe à la patrie turque, cette idée n'est venue à personne.

Ne forçons aucun principe et méfions-nous des exagérations violentes dont le seul résultat aujourd'hui est de rendre la paix im possible, en rendant suspectes à nos yeux les propositions même les plus modérées. Si la volonté des populations devait être respectée aussi strictement qu'on le réclame, le droit de conquête devrait être remplacé par le droit de séparation. L'Angleterre retient l'Irlande contre la majorité des Irlandais. Quand les États du Sud ont voulu se séparer du Nord en Amérique, nous avons applaudi Lincoln réduisant par la force cette révolte et obligeant une contrée immense à rester malgré elle dans l'Union. J'ajoute que le droit de séparation, cette traduction exacte du principe absolu en matière de consentement libre, aurait pour résultat l'anarchie en permanence dans toutes les contrées du globe.

Une dernière remarque, pour écarter une dernière réclamation. Dans notre indignation récente contre le droit de conquête, sans lequel notre pays serait encore l'Ile-de-France ou peu s'en faut, nous avons instinctivement cherché un moyen honnête de conciliér les annexions avec les principes. Le vote des populations nous a paru être ce moyen.

Je ne voudrais pas plus m'élever contre le vote des populations, quand il est vrai, que justifier en lui-même le droit de conquête; mais soyons sincères et voyons les choses telles qu'elles sont. Dans la pratique ordinaire, le vote des populations n'est qu'un mensonge, une comédie, l'acte le plus révoltant du pharisaïsme politique.

Il ressemble singulièrement au plébiscite: comme lui il accorde à un peuple la liberté de choisir entre deux portes, dont l'une est ouverte et l'autre fermée. Un plébiscite bien posé, c'est la nécessité presque absolue de répondre oui; un vote des populations bien organisé, c'est la nécessité non moins évidente de consentir.

Une guerre terrible vient de se terminer; la cession d'une province est la condition principale du traité de paix; ce traité est signé; la province est abandonnée par son ancienne patrie, sous la seule réserve d'un vote de consentement. Que se passe-t-il alors? Comment la question du vote se formule-t-elle pour ceux qui doivent y prendre part? En quoi consiste la liberté qu'on se donne les airs de leur accorder d'une façon si large et si généreuse? Ils savent que le fait est accompli, que le traité ne peut être modifié dans son article fondamental. La guerre serait à recommencer, et il est inadmissible qu'elle recommence par leur fait. Ils voient très clairement qu'on a compté sur leur adhésion, que le changement territorial est résolu. Comment refuser ce qui est devenu indispensable? Les plus courageux s'abstiennent de voter; tous se disent qu'émettre un vote contraire, c'est se signaler soi-même à la malveillance de l'administration, sans aucune chance d'empêcher une annexion qui est deux fois décidée, par la guerre d'abord, ensuite par le traité de paix.

Nous voudrions bien nous persuader à

nous-mêmes que nos conquêtes, à nous, ne sont pas des conquêtes, que nos conquêtes sont des annexions. Jusqu'à quand nous payerons-nous de mensonges? La conquête sous sa forme nouvelle serait plus odieuse parfois qu'elle ne l'était sous sa forme ancienne; il ne lui manquait que de se faire hypocrite?

Nous avons vu le vote des populations fonctionner solennellement au Mexique; l'unanimité, ou peu s'en faut, a élu l'infortuné Maximilien; quelques mois plus tard, la même unanimité sanctionnait l'autorité de Juarès. Si les populations des provinces rhénanes étaient consultées aujourd'hui, elles repousseraient en masse l'annexion à la France; mais, supposé que la guerre eût eu le succès auquel on s'était attendu, que notre armée victorieuse fût entrée à Berlin et qu'après avoir répandu des torrents de sang, nous eussions rapporté pour prix de nos triomphes un traité stipulant la cession de ces provinces, qui s'imaginera jamais qu'en les consultant pour la forme, nous n'eussions pas eu la pleine certitude qu'elles voteraient convenablement, et que le fruit de tant de batailles ne nous serait pas retiré par un scrutin.

Après toute guerre, il est évident que les choses se passent ainsi. Je crois qu'elles ne se passeraient pas différemment, dans le cas même où le traité n'aurait pas été précédé par la guerre. Lorsque nous réclamions avec tant d'instance une compensation, une rectification de frontières, un petit territoire, le district de Saarbruck, par exemple, nous comptions fermement sur le vote favorable des populations, tout en sachant à merveille qu'elles ne souhaitaient pas d'être françaises.

II

Il n'était pas inutile de considérer d'un peu près ce droit de conquête, que nous condamnons tous, et dont je m'efforce aujourd'hui même d'écarter l'application. Bien qu'en le combattant, nous ne saurions être trop en garde contre des exagérations qui enveniment tout. Tant que nous verrons dans la prétention de conquérir l'Alsace et la Lorraine, une manifestation de méchanceté insultante et féroce digne des barbares du Nord, un procédé sans précédents, une injure réservée à la France seule, nous serons hors d'état d'apprécier à sa juste valeur cette forme de cession qui s'appelle : la neutralité.

Il faut du calme pour juger de notre situation, pour en accepter les conséquences, pour faire courageusement, et en temps utile, le très grand sacrifice qui seul peut nous préserver d'un sacrifice bien plus douloureux.

Le sacrifice est immense, je le répète ; mais du moins l'honneur est sauf ; nous ne sacrifions que nous. Il ne s'agit plus de livrer à une domination étrangère des compatriotes dévoués qui viennent de souffrir pour nous. En même temps, nous évitons cet énorme déplacement de forces qui se produirait, si la perte de la Lorraine s'ajoutait à celle de l'Alsace, surtout si les provinces arrachées à la France étaient ajoutées à l'Allemagne ; si celle-ci s'installait définitivement à Strasbourg, à Belfort, à Metz et dans tous les passages des Vosges.

Il est vrai qu'avec le système de l'Alsace

neutre, les places fortes sont démolies ; c'est une perte pour nous, ce n'est pas un gain pour les Allemands. J'ose affirmer en outre que la perte n'est pas très grande : le temps des forteresses semble passé ; c'est comme un reste de féodalité qui s'écroule. Les populations aujourd'hui ne restent plus groupées dans l'enceinte crénelée d'une ville ou sous la protection d'un château seigneurial ; d'ailleurs les terribles engins dont on dispose rendent impuissante, après quelques semaines, la résistance des murailles. On a bien vu, pendant cette campagne, à quel point sont faibles les services rendus par les meilleurs retranchements. Metz lui-même n'a retenu devant ses remparts qu'une armée égale à celle qui s'y trouvait renfermée.

La transaction que nous recommandons ici n'est pas seulement honorable, elle n'est pas seulement propre à empêcher l'affaiblissement excessif de la France ; elle lui offre une consolation réelle, une joie qui se mêlera à ses douleurs. C'est quelque chose d'enfanter ainsi un pays libre. Quand l'Angleterre dut renoncer à ses colonies américaines, les Anglais amis de la liberté durent se réjouir de cette pensée : il y a un pays indépendant de plus ici-bas, les États-Unis sont nés.

C'est précisément parce que l'Alsace n'est pas la première province venue, parce qu'elle se rattache à nous par un lien qui n'est pas un lien ordinaire, parce que nous sacrifions plus en la perdant qu'on ne sacrifie dans la plupart des cessions territoriales, c'est pour cela que nous devons n'épargner aucun effort, afin de stipuler pour elle la liberté. Savoir faire la part du feu, je ne connais pas d'autre moyen d'arrêter certains incendies.

M. Jules Favre semble avoir compris cette vérité : tout le monde a remarqué son discours adressé aux maires de Paris ; le programme du gouvernement ne reparaît qu'avec une modification significative : « Nous ne céderons pas un pouce de notre territoire, » mais nous ne parlons plus des pierres de nos forteresses.

Et comment en parler? Elles sont aux mains de l'ennemi. La possession est un fait, on ne peut éviter d'en tenir compte.

Si l'ennemi a dans ses mains nos forteresses, il a aussi dans ses mains une grande partie de nos armées. Obtenir la restitution de 300 mille prisonniers, c'est un avantage qui se paie, et en échange duquel nous sommes tenus de fournir un équivalent.

En somme, traiter sur le pied de l'Alsace neutre et du démantèlement, ce serait obtenir une paix telle qu'aucun pays dans notre situation n'en a signé d'aussi favorable.

Je sais bien ce qui empêche d'accueillir l'idée d'une paix semblable : on ne cesse de nous répéter, depuis quelque temps, que nous ne pouvons tomber plus bas. Au pis-aller, s'écrie-t-on, nous nous trouverons plus tard dans la situation où nous sommes aujourd'hui.

Erreur. Notre situation peut devenir bien plus déplorable. Sans parler des vies d'hommes (il paraît que cela ne compte pas);

sans parler des désastres qui peuvent s'ajouter à nos désastres, des misères qui peuvent s'ajouter à nos misères, les conditions de la paix risquent de devenir beaucoup plus écrasantes. Je ne parle pas seulement de la contribution de guerre dont le total monte chaque jour ; je parle des autres bases de la paix. Elles se sont déjà aggravées, elles continueront à s'aggraver. Après Sedan, nous pouvions traiter peut-être sur la base du démantèlement; aujourd'hui, nous pouvons traiter peut-être sur la base du démantèlement et de l'Alsace neutre ; plus tard, on réclamera décidément l'annexion des provinces ; plus tard encore, cette annexion cessera d'être suffisante.

Mais, dit-on, la guerre à outrance nous réserve des chances nouvelles ; nous lasserons et nous épuiserons l'ennemi ; nous l'entraînerons si loin, que ses communications deviendront impossibles à garder ; nous le forcerons à combattre si longtemps, que le désespoir saisira ces pères de famille et que ces armées fondront peu à peu sous l'action des intempéries et sous le feu des francs-tireurs ; enfin, nous perpétuerons tellement la lutte, qu'un succès de nos armes ou une complication diplomatique viendront changer subitement les rôles.

Tel est le plan qu'on oppose aux partisans de la paix. Ne nous a-t-on pas représenté ce gouvernement nomade, insaisissable, que l'armée allemande devra poursuivre de Tours à Bordeaux, de Bordeaux à Alger !

Les Allemands, quoiqu'ils ne nous mettent guère dans la confidence de leurs projets, en ont assez dit pour nous faire comprendre qu'ils suivront leurs plans, non les nôtres, et qu'ils ne voyageront à notre suite, qu'autant que cela sera conforme à leurs intérêts.

Ils ont tenu à prendre Paris, persuadés que les luttes sérieuses avec la France ne se terminent que là. S'ils parviennent à prendre Paris, tout annonce qu'ils n'iront pas beaucoup plus loin Après avoir fait sauter les fortifications de la capitale, ils retourneront tranquillement chez eux, et licencieront leurs landwehrs. Ne pouvant traiter, ils se contenteront de posséder ; ils borneront leur occupation aux cinq ou six départements destinés par eux à leur servir de gages, afin de négocier la paix, et d'obtenir la cession régulière de l'Alsace et de la Lorraine quand le moment en sera venu.

Ceux qui, chez nous, repoussent toute transaction pacifique et organisent la guerre à outrance, devraient bien se demander si l'Allemagne a pris l'engagement de les suivre sur ce terrain.

N'est-il pas cent fois plus probable qu'après avoir diminué son armée, elle ira nous attendre dans le quadrilatère des Vosges, de Metz, de Strasbourg et de Belfort ? Derrière ces places et tant d'autres que je ne nomme pas, elle pourrait patienter, sachant à merveille que les levées en masse ne fourniront pas une armée capable d'attaquer de semblables positions, et de recommencer la guerre offensive, dans des conditions beaucoup plus mauvaises que celles du mois de juillet. La guerre de guérillas tomberait d'elle-même, lorsqu'il n'y aurait plus de détachements à attaquer et de communications à interrompre. Nous nous demanderions bientôt si le plus urgent n'est pas de délivrer, par un traité de paix, nos prisonniers retenus en Allemagne et nos départements gardés comme gages.

Tel sera le sort probable du projet de guerre à outrance. Et franchement, s'est-on rendu compte des conséquences qu'entraînerait cette guerre-là, si l'Allemagne était assez complaisante pour nous fournir le moyen de la faire?

Déjà, quelques arrêtés de préfets permettent d'en juger. Les dévastations deviendront inutiles, car nous ravagerons la France de nos propres mains. On a pris la peine de nous traduire en langage vulgaire cette phrase officielle: « Faire le vide devant l'ennemi. » Cela veut dire brûler les blés, les fourrages, tout ce que nous ne pourrons pas emporter. Nous avions déjà la famine en perspective pour l'année prochaine; nous voilà sûrs de la famine pour plusieurs années.

Laissons, je le veux bien, les dévastations et les batailles, laissons les réquisitions, laissons les souffrances inénarrables qui iront en s'accumulant ; ce n'est encore rien, la guerre à outrance, dont on prononce si légèrement le nom, nous réserve de bien autres malheurs.

Cette guerre-là, c'est la guerre féroce, c'est celle qui excite jusqu'à l'exaltation tous les sentiments haineux et diaboliques du cœur. Nous sommes déjà en train de nous endurcir, c'est-à-dire d'empirer, de reculer sur le chemin de la civilisation ; que sera-ce, lorsque nous serons entrés en plein dans les mœurs de la guerre de partisans ? Les représailles appellent les représailles ; on se met de part et d'autre à fusiller les prisonniers ; l'habitude de verser le sang finit par produire la soif du sang. Malheur au pays qui passe par là ! En dépit des dévouements patriotiques et des vaillances individuelles, il devient incapable de rentrer dans les voies régulières et de pratiquer la liberté.

Encore, si le succès était probable ! Mais il y a de l'enfantillage à essayer aujourd'hui un renouvellement de 92, et par-dessus le marché, une copie de l'Espagne de 1808. On ne refait pas l'histoire ; nous ne retrouverons pas à volonté cette première innocence et cette ferveur de la passion révolutionnaire qui animait nos pères de 1792, dans leurs luttes contre l'étranger ; nous ne retrouverons ni l'élan, ni les armées, ni les généraux d'alors ; nous retrouverons encore moins devant nous les troupes prussiennes de cette époque, leur tactique vieillie et leurs chefs incapables. Quant à l'Espagne de 1808, il nous manque, grâce à Dieu, bien des choses pour lui ressembler ; il nous manque en outre une armée anglaise et un Wellington, sans lesquels le soulèvement de l'Espagne serait resté impuissant.

Un autre intérêt français, un intérêt de premier ordre, se trouve engagé dans la question que nous débattons aujourd'hui. Il sera permis à un vieux libéral de pousser un cri d'alarme, au nom de la liberté plus sérieusement menacée qu'elle ne le fut jamais chez nous.

La guerre prolongée c'est la guerre à outrance, et la guerre à outrance, c'est la révolution à outrance, c'est le désordre à outrance. C'est, en fin de compte, le despotisme à outrance. Au sortir de là, on cherche un abri quel qu'il soit ; une dictature, une tyrannie, qui sait ? Une restauration impériale. En France, tout arrive, comme vous savez.

J'adjure les amis de la liberté d'y prendre garde : nous venons de mettre les pieds sur une route bien connue, trop connue, sur celle qui conduit au despotisme d'en haut, après avoir passé par le despotisme d'en bas. Parcourir une fois de plus ce chemin, ce serait discréditer à tout jamais la liberté dont l'anarchie a grand soin d'emprunter et de profaner le nom. Déjà, nous commençons à désapprendre ce peu de liberté que nous savions. Laissez faire la guerre de partisans, elle nous donnera, vous pouvez m'en croire, une belle éducation constitutionnelle ! Elle nous enseignera l'obéissance aux lois, la pratique du droit et le respect de la justice ! Elle nous donnera l'habitude et le goût des vrais progrès ! Elle nous apportera ces mœurs austères et dignes, ce gouvernement de soi, cette indépendance individuelle et locale, cette résistance à l'abitraire qui font les peuples libres !

Que les champions de la république y soient attentifs : la conclusion d'une paix prochaine et honorable est sa seule chance de salut en France. Si, en cherchant à copier l'élan héroïque de 92, on nous fait craindre la copie plus ou moins fidèle du régime révolutionnaire d'alors, si la guerre prolongée remet plus ou moins entre des mains violentes l'administration des départements et le gouvernement du pays, vous verrez la France rurale, qui n'est pas fort républicaine, se lever un beau jour et mettre fin à la république.

La république ne durera qu'à la condition de rallier autour d'elle le parti de la liberté; c'est-à-dire le parti de la paix. Nous, libéraux, nous n'avons point de prévention contre la république; pour peu qu'elle ne signifie pas l'anarchie et la tyrannie, nous la soutiendrons volontiers. C'est la forme de gouvernement qui nous divise le moins à l'heure qu'il est. Que nous importent d'ailleurs, en face des effondrements actuels, les formes de gouvernement? Aucun homme éclairé ne repousse la république prise en elle-même; nous ne repoussons que la république sans mœurs républicaines, la république sans républicains, la république sans liberté. Pour ce qui me concerne, le nom de république m'effarouche si peu, que je propose en ce moment même d'en créer une. Les deux pays que j'aime le mieux, après le mien, sont deux républiques : la Suisse et les États-Unis.

Il faut rentrer le plus tôt possible dans les voies régulières, qui sont aussi les voies libérales ; il faut en venir à consulter la France, à savoir ce que le pays veut, à marcher avec ensemble vers un avenir meilleur. Si la guerre se prolonge et s'exaspère, adieu nos chances de relèvement ! Elles s'en iront avec nos chances de liberté. Le relèvement est une œuvre immense qui ne se passera point de la paix. Sans la paix, je dis plus, sans l'apaisement, impossible d'entreprendre ce travail qui est notre unique espérance et dont la pensée fait battre les cœurs patriotes.

Une fois en possession de la paix réelle (et la paix honorable sera la seule réelle), nous pourrons désarmer, économiser, décentraliser, diminuer le gouvernement et accroître la liberté. Nous pourrons nous rendre compte de notre maladie intérieure, remonter aux causes morales, aux causes profondes, des désastres que nous avons subis ; nous pourrons faire notre examen de conscience, nous reconnaître, nous repentir, nous réformer, entrer dans des voies meilleures, éviter ces vieux écueils du latinisme où nous nous sommes tant de fois brisés. Tout cela sera difficile, mais tout cela sera bien beau ; j'entrevois, lorsque j'y pense, une grandeur nouvelle qui attend mon pays, une influence nouvelle, et je demande à Dieu de nous épargner la guerre à outrance qui nous rejetterait brutalement vers un tout autre avenir.

Ne nous laissons pas dire qu'en nous résignant à l'indépendance de l'Alsace, nous commençons le démembrement de la France. Sans avoir la passion de cette unité excessive qui a fait souvent notre force et plus souvent peut-être notre faiblesse, je suis loin de souhaiter pour la France un fédéralisme impuissant. Mais c'est précisément la lutte révolutionnaire qui menace de nous pousser dans ce sens-là. Voyez les tentatives de fédération anarchique qui se sont produites à Toulouse et à Marseille. C'est un symptôme dont on fera bien de tenir compte : pour peu qu'un régime irrégulier et violent se perpétue, pour peu que l'état de guerre achève de devenir l'état de désordre, la France, occupée ici par l'étranger, surexcitée ailleurs par les passions extrêmes, effrayée plus loin par le retour des pratiques subversives, pourrait bien se disloquer.

La perte d'une province n'a jamais tué un grand pays et il serait aisé de montrer, l'histoire à la main, que la Prusse, pour ne parler que d'elle, date sa grandeur de son amoindrissement : c'est après Iéna, après la perte d'une grande partie de son territoire, que la Prusse nouvelle est née, que Stein a mis la main à son œuvre, qu'on a marché vers la liberté, qu'on a recueilli les forces nationales, et que les anciens marquis de Brandebourg se sont préparés à devenir empereurs d'Allemagne.

Cet exemple n'est pas le seul et nous en découvririons dans nos propres annales, à l'époque des guerres anglaises, quand la France presque entière et Paris même étaient occupés par l'ennemi. Non, les défaites n'ont jamais tué que les pays qui mouraient de leur belle mort.

Athènes, vaincue et subjuguée par Sparte, n'est pas morte; mais la Grèce corrompue est morte sous la conquête romaine. Rome elle-même était morte, on peut le dire, morte par ses vices et par son énervement, avant d'être mise au tombeau par les barbares.

Odoacre et ses Hérules auraient-ils tué Rome, par hasard?

L'INTÉRÊT DE L'ALSACE

I

Un mot avant d'aborder la seconde partie du sujet : on me demandera peut-être pourquoi je suppose que le nouvel État aura la forme républicaine, comme Strasbourg avant Louis XIV, comme Mulhouse jusqu'à la révolution française?

Libre à lui d'en adopter une autre, si cela lui convient ; je n'ai pas la moindre envie d'attenter à l'indépendance de ses résolutions. Mais il me paraît évident que l'Alsace État neutre, sera l'Alsace république. Les monarchies coûtent cher ; un petit pays peut s'accorder difficilement le luxe d'une liste civile et d'une armée permanente. Ensuite, les rois se font rares et n'en a pas qui veut. Enfin, les rois neutres sont les plus rares de tous ; or un État neutre aurait besoin de découvrir quelque part un roi neutre, c'est-à-dire un roi qui ne fût allié par le sang ni à la maison royale de Prusse, ni à aucune des dynasties françaises, ni à une famille régnante quelconque. Souvenez-vous de la candidature Hohenzollern.

Cela dit, j'entre en matière, et il ne me sera pas difficile de prouver que l'arrangement proposé est celui que doit souhaiter passionnément l'Alsace, dès l'instant où elle perd l'espoir de demeurer française.

L'Alsace assurément ne serait pas à plaindre, car nous vivons dans un temps où les pays privilégiés ce sont les petits pays et particulièrement les pays neutres. Plaignons les grands pays, tous surchargés d'impôts, tous accroissant de jour en jour leur dette, tous exposés à soutenir des guerres cruelles. La grandeur se paye cher, quand les conflits internationaux prennent ce caractère terrible, quand la rivalité des armements amène cet état vraiment intolérable d'écrasement et de fièvre dont nous avons été témoins.

J'ai parlé de grandeur; il en est de plusieurs sortes, grâce à Dieu, et celle qui se déploie dans ces petits pays ne me semble pas la moins enviable. Le monde entier vient de voir quelle mission d'humanité ces petits pays peuvent remplir, quels services ils peuvent rendre à leurs grands voisins, quel refuge ils ouvrent, quelle charité ils exercent, quelles initiatives généreuses et fécondes ils savent prendre.

Et cette grandeur n'est pas la seule qui soit à leur portée. Depuis que j'habite la Suisse, je suis frappé du mouvement des idées, des ressources intellectuelles que renferment les plus humbles centres, de l'abondance vraiment inouïe des conférences et des cours ; mieux que cela, du noble élan moral qui se déploie sous l'influence de l'Évangile. Voilà un petit pays qui se fait compter, qui marque son rang et non certes le plus bas, dans tout ce qui constitue la grandeur réelle: dans la bienfaisance, dans la recherche du vrai, dans le service de Dieu et des hommes, dans les choses de l'intelligence, dans la pratique de la liberté, dans les succès mêmes de l'industrie.

A ce point de vue de l'industrie, l'Alsace ne sera pas moins bien placée que la Suisse. La liberté du commerce est la règle naturelle des petits pays neutres. En adoptant ce principe, l'Alsace ne tardera pas à voir toutes les lignes de douanes s'abaisser devant elle. Avec l'Angleterre, la Belgique et la Suisse, cela ira de soi ; avec la France pareillement ; je n'ai pas besoin d'en dire la raison. Quant à l'Allemagne, elle s'empressera, j'en suis sûr, de rivaliser avec nous, en matière de bons procédés vis-à-vis de la nouvelle république.

Je vous l'ai déjà dit, cette Alsace sera le plus heureux pays du monde. Considérez sa situation financière : point d'armée, point de marine à solder, point de forteresses à entretenir, point de liste civile et point de gros traitements. En fait de dettes, elle aura sans doute à supporter sa part proportionnelle de la dette française ; mais il ne sera que juste de lui attribuer, par un article du traité, une indemnité considérable destinée à réparer les maux de la guerre et à restaurer les monuments publics.

Militairement, l'Alsace pourra se donner les institutions de la Suisse, qui fournissent une forte armée défensive et n'écrasent pas le pays.

Au point de vue de la politique générale, l'Alsace aura, comme la Suisse et la Belgique, l'inappréciable avantage de ne se mêler à rien et de ne prendre parti pour personne. Aucune politique n'est plus simple et plus sûre d'attirer le respect universel que la politique de neutralité, quand elle est loyale.

Rien n'empêche enfin qu'au point de vue religieux, les deux communions qui se partagent l'Alsace ne puissent vivre en bons termes, ainsi qu'elles le font au sein des cantons suisses.

Le vrai moyen d'éviter les conflits se trouve dans la liberté religieuse, dans la distinction fermement maintenue du spirituel et du temporel ; au besoin, dans cette séparation de l'Église et de l'État, que l'Amérique pratique avec tant de succès, et dont il serait glorieux pour la république alsacienne de donner l'exemple à l'Europe.

Je concevrais que l'Alsace eût, en dépit de sa petitesse, la très grande ambition de devenir un pays modèle. La mission qui lui appartient, comme intermédiaire de la France et de l'Allemagne, est une mission qui peut devenir magnifique.

Pourquoi Strasbourg ne serait-il pas quelque jour un centre scientifique de premier ordre? Une Université importante y trouverait naturellement sa place, et le succès du Polytechnicum de Zurich, prouve qu'il y a bien des besoins de ce genre à satisfaire. Un vaste courant d'idées va sans cesse d'Allemagne en France et aussi de France en Allemagne.

Remarquez-le, si l'Alsace neutre peut devenir le plus heureux pays du monde, l'Alsace annexée à l'Allemagne peut devenir le plus malheureux. Je me refuse à indiquer ce qui ne se réalisera pas, je l'espère; mais chacun devine les froissements de tous genres qu'entraînerait une telle situation. Il y aurait là un pays sujet, qui ne se sentirait pas sur pied d'égalité avec les autres pays allemands; il y aurait un pays suspect, où les intrigues réelles et imaginaires de la France provoqueraient d'incessantes persécutions.

II

L'Alsace peut m'en croire, un Français ne prévoit pas sans douleur l'événement qui la séparera de nous. Nous la regretterons beaucoup : nous avons eu là des compatriotes dévoués, une pépinière de bons soldats et de généraux, des hommes distingués en tout genre. Bien plus, l'Alsace a fourni à la vie générale de la France un élément dont la valeur est grande; un élément qui ne se trouvait pas, malheureusement, dans toutes nos provinces: l'esprit de liberté et de modération.

Je suis certain que, de son côté, l'Alsace nous regrettera. Toutefois, n'exagérons rien ;

ses regrets pourront être diminués par le spectacle de nos tiraillements et de nos défaillances. Que deviendrons-nous? Triompherons-nous de la maladie qui nous mine? Serons-nous, dans quelques années, un de ces pays qu'on envie, ou un de ces pays qu'on plaint? Douloureux problème qui est posé, non résolu. En ma qualité d'optimiste, je m'attache à la solution favorable et je conçois de grandes espérances pour mon pays; mais dans l'hypothèse même du relèvement, les difficultés seront telles, il y aura un si rude labeur à accomplir, que l'Alsace pourra goûter le bonheur de son indépendance, sans qu'on ait le droit de l'accuser d'ingratitude.

L'indépendance est une source légitime de joie; cette joie sera d'autant plus vive, que nos anciens compatriotes sortiront du régime des préfets allemands et des souffrances d'une occupation militaire. Ne craignons pas de l'ajouter, la situation nouvelle fera disparaître les appréhensions que le clergé catholique avait conçues. Comme l'annexion opérée par Louis XIV avait été un coup porté au protestantisme en Alsace, le clergé craignait que l'annexion opérée par le roi Guillaume, ne fût un coup porté au catholicisme. Il est évident que la crainte n'avait pas le moindre fondement, mais la création d'un État libre la fera en tout cas disparaître. La liberté a toutes les solutions.

L'INTÉRÊT DE L'ALLEMAGNE

I

On n'a cessé de me dire, depuis que je cherche à faire valoir la transaction proposée ici : — Vous ne persuaderez jamais l'Allemagne, l'Allemagne a son idée arrêtée ; voyez comme elle continue la guerre, déterminée à atteindre son but, réclamant toujours la même chose, et la réclamant d'une façon absolue !

Je ne me découragerai point toutefois, car, si je sais que l'Allemagne est déterminée à atteindre son but, je sais également que ce but de sécurité future sera mieux atteint par la neutralité qu'il ne le serait par la conquête.

Que l'Allemagne ait continué la guerre, il n'y a pas lieu d'en être surpris. Aucune offre sérieuse ne lui a été faite jusqu'à présent ; elle n'a pas eu une seule occasion de faire la paix en atteignant son but.

Qu'est-ce qu'une indemnité pécuniaire? Qu'est-ce que la garantie des puissances, dans les termes où l'on songeait à l'offrir? Qu'est-ce que le démantèlement sans la neutralité? Qu'est-ce, enfin, que la proposition de s'en remettre à un arbitrage européen et de donner un blanc-seing aux médiateurs? Lorsqu'il s'agit de si grands intérêts et lorsque de si grands sacrifices ont été accomplis, les nations qui se respectent ne donnent pas de blanc-seing.

Le projet dont nous parlons a un tout autre caractère.

En quoi diffère-t-il du programme allemand ?

L'Allemagne ne prendra pas possession de l'Alsace ; mais la France cessera de posséder cette province, qui appartiendra désormais à la zone de neutralité, formant la clef de voûte sur laquelle repose la paix de notre Europe.

L'Allemagne ne s'établira pas à Metz et à Strasbourg, mais toutes les forteresses seront rasées, et le quadrilatère d'où partaient les attaques françaises cessera d'exister. Le sacrifice à imposer à la France sera tel, que notre force offensive se trouvera anéantie sur notre frontière de l'Est. Nous aurons perdu cette position formidable de la Moselle, des Vosges et du Rhin où nous avions accumulé les forteresses, les camps retranchés et les arsenaux. Ce changement énorme ne serait pas hors de proportion avec l'importance des victoires de l'Allemagne. Il serait bien plus rassurant, pour les États du Sud, qu'une conquête maintenant la contiguïté des deux pays et surexcitant les désirs de revanche :

— Mais, dit-on, l'Alsace demeurera française de cœur, et ce sera à recommencer. La neutralité que vous nous proposez, n'est autre chose qu'une menace perpétuelle pour l'Allemagne et qu'un danger perpétuel pour la paix.

Un parti français se formera bien vite, dans ce pays qui ne sera neutre qu'en apparence ; des intrigues françaises y seront sans cesse à l'œuvre ; il y aura lieu à une surveillance continuelle. Et qui sera chargé de ce terrible office ? Le seul pays qui y ait un intérêt direct, c'est-à-dire l'Allemagne. Elle aura tous les embarras de la conquête, et n'en aura pas les avantages. Épier les manœuvres, censurer le langage des journaux, des hommes publics, formuler des plaintes fréquentes et mal accueillies, ce ne serait pas seulement faire un triste métier, ce serait multiplier les occasions de conflit, amenant à leur suite les chances de guerre. L'Alsace, de son côté, serait tiraillée entre ces deux grands voisins, et, plus misérable encore qu'indépendante, elle maudirait sa situation provisoire.

J'ai tenu à exposer cette objection et à lui laisser toute sa force. Elle est plausible à première vue ; je ne crois pas qu'elle résiste à un examen attentif. Je crois encore moins que l'inconvénient signalé, à supposer qu'il ait quelque réalité, puisse être mis en balance avec les inconvénients autrement graves qui se rattachent à la conquête.

Et d'abord, si l'on prévoit des intrigues et des difficultés dans l'Alsace neutre, on fera bien d'en prévoir aussi dans l'Alsace conquise. C'est là que se déploieront passionnément les tendances françaises ; on pourra faire taire les journaux, on n'empêchera pas la circulation des idées. Pour le coup, l'Allemagne aurait à faire un triste métier ! Songez-y, l'entraînement de l'Alsace vers la France ne grandirait pas seul sous un tel régime, l'entraînement de la France vers l'Alsace croîtrait dans la même proportion. Délivrer nos compatriotes d'un joug imposé et maintenu par la force, ce serait l'idée fixe de la France ; aucun parti de la paix ne se formerait chez nous.

D'ailleurs, le système de l'annexion laisse les forteresses debout, c'est-à-dire qu'il conserve le quadrilatère, et qu'il maintient l'importance militaire de l'Alsace. Nouveaux motifs pour qu'elle tente notre ambition.

Ceci ressemble terriblement au provisoire. Je suis enclin à chercher le définitif d'un tout autre côté. Ayons foi à la liberté, croyons qu'un pays libre ne tarde pas à aimer son indépendance, croyons qu'un pays heureux fait lui-même la police des intrigues qui menacent son bonheur et que cette police est la seule efficace. Je comprendrais certaines inquiétudes, si le temps devait manquer à l'Alsace pour s'attacher à ses nouvelles institutions ; mais le temps ne lui manquera pas. Après l'épouvantable guerre de 1870, il y aura forcément une époque de lassitude et d'épuisement. Pendant bien des années, aucune attaque nouvelle n'aura lieu, par la raison très simple que cela sera impossible. On ne refait pas en deux jours des finances et des armées; on n'opère pas en deux jours la grande transformation militaire par laquelle nous devrons évidemment passer. Or, pendant cette période de paix forcée, l'Alsace jouira de ses libres et heureuses institutions : elle verra naître dans son sein ce patriotisme local, dont la vivacité s'accroît en raison même de la petitesse du pays. Au bout de quelques années, soyez-en sûrs, le patriotisme alsacien laissera peu de place aux manœuvres du patriotisme français; on continuera d'aimer la France, on aimera avant tout l'Alsace.

A ce motif de sécurité vient s'en joindre un autre, dont il serait difficile de nier la valeur. La garantie européenne, qui ne signifie pas grand'chose quand elle demeure vague et générale, acquiert une importance inappréciable lorsqu'elle s'applique à l'indépendance des États neutres. Dès que cette indépendance est menacée, la sécurité de l'Europe entière est menacée du même coup.

Aucune des armées d'occupation que l'Allemagne pourrait entretenir dans l'Alsace conquise, n'opposerait un obstacle aussi sérieux aux entreprises françaises que cette surveillance jalouse du monde entier.

II

Remarquez que, dans ce que je viens de dire, j'ai supposé l'Allemagne préocccupée de sa sécurité, étrangère à toute pensée d'agression future. L'Alsace neutre ne serait pas moins incommode pour une attaque allemande que pour une attaque française; son mérite est précisément de fortifier toutes les défensives et de décourager toutes les offensives.

Si l'offensive entrait dans les desseins du peuple allemand, il aurait tort, je l'avoue, de renoncer à la plus belle position qu'on puisse souhaiter, lorsqu'on veut envahir son voisin et satisfaire ses désirs de conquêtes. Mais je crois l'Allemagne sincère lorsqu'elle désavoue de tels désirs; or de toutes les façons de les désavouer la plus nette, la plus concluante, la plus honorable, c'est l'acceptation de l'Alsace neutre.

Si l'Allemagne écarte ainsi la conquête actuelle, elle écarte par là-même les conquêtes à venir; elle se pose comme puissance pacifique et conservatrice, elle réfute par un seul acte un très grand nombre d'accusations.

Il n'est pas indifférent pour elle, de se mettre ainsi en règle avec ce sentiment du monde moderne, qui repousse de plus en plus le droit de conquête. Nous n'avons pas à revenir sur ce que nous en avons dit : le progrès qui se prépare n'est pas accompli sans doute; mais il se prépare, et c'est quelque chose. Éviter une conquête, la remplacer par une garantie équivalente, ce serait faire acte de modération, d'habileté et de bon goût.

Les Allemands ont toujours soutenu que cette guerre avait chez eux un caractère exclusivement défensif ; qu'ils se proposaient une seule conquête, celle des garanties de la paix à venir. Il dépend d'eux de confirmer leurs paroles par des actes.

Avant peu, si l'Allemagne n'y prend garde, les rôles pourraient être intervertis. L'opinion de l'Europe se modifie à vue d'œil. Elle a commencé par nous donner tort : l'Allemagne repoussant notre attaque et reportant l'invasion chez nous, a eu presque tout le monde pour elle. Mais cela change, et la force morale, cette puissante alliée des armées allemandes, tend à se déplacer. Juste ou non, ce changement est de nature à frapper un esprit aussi clairvoyant que celui du comte de Bismarck.

Bien des gens se tournent aujourd'hui contre l'Allemagne, en vertu d'une impatience naturelle qui a son côté légitime. La guerre devient chaque jour plus épouvantable par les masses dont elle dispose, par les armes qu'elle emploie, par la proportion des ruines et des massacres. En se prolongeant, la guerre se gâte, passez-moi l'expression; elle ne recule devant rien; saisie elle-même de ce sentiment d'impatience qui s'empare de nous tous, elle veut en finir; elle écrase, elle entre dans la voie des représailles féroces et des destructions sans merci. Or, devant un tel spectacle, l'opinion s'en prend au vainqueur; on pense que la continuation de la lutte dépend surtout de lui. C'est à lui qu'il appartient de proposer une paix modérée, qui assure à l'Allemagne la sécurité, et qui puisse être acceptée honorablement pour la France.

Un cri a déjà retenti : *Væ victoribus !* Ce cri a quelque chose de généreux. Nous avons si souvent dit : Malheur aux vaincus ! Il n'y a pas de mal à dire une fois : Malheur aux vainqueurs ! La victoire a ses grands périls, comme ses grands devoirs. Une heure vient, où le vainqueur peut compléter son triomphe, et peut le compromettre.

Il faut compter avec ces sympathies, que les grandes infortunes finissent toujours par réveiller dans notre cœur.

La France, en dépit de ses fautes, n'est pas le premier pays venu : Ses chutes participent à sa grandeur.

III

Je ne présenterais pas à l'Allemagne les considérations qui précèdent, si je pensais, comme a paru le croire jusqu'à présent M. de Bismarck, que la France ne pardonnera jamais ses défaites, que le sort réservé à l'Alsace et à la Lorraine n'y changera rien, qu'en tout cas la paix ne sera qu'une trêve, qu'il ne s'agit pas de régler un état définitif, mais d'organiser une situation provisoire en vue d'une guerre prochaine. Tant que l'Allemagne est persuadée de cela, il est naturel qu'elle fasse passer la stratégie avant la politique. Prendre et garder les positions militaires les plus solides, conserver les forteresses, préparer le succès rapide de la nouvelle marche sur Paris, tel est le plan auquel elle doit s'arrêter.

J'ai besoin de protester contre ces idées ; elles sont fausses, et j'en rends grâce à Dieu, car pour peu qu'elles fussent fondées, nous aurions devant nous, au lieu d'une perspective de paix, la certitude d'une guerre indéfinie et qui, cette fois, ne serait pas localisée. Il faut traiter de la paix dans un esprit de paix, je dirai presque avec la foi en la paix. Or cette foi ne s'appuie pas sur des impressions vagues, elle s'appuie sur de sérieux motifs. Qu'il me soit permis de les exposer.

Je serai sincère. Il y a du vrai, dans l'objection de ceux qui prétendent qu'en posant les armes, nous songerons à les reprendre, pressés par le désir d'une revanche ; quel que soit d'ailleurs, le sort de l'Alsace et de la Lorraine. Au premier moment, il en sera peut-être ainsi, en apparence du moins, mais laissez faire le temps et la réflexion. La guerre actuelle a produit l'horreur de la guerre. Ce sentiment qui ose à peine se manifester, aussi longtemps que dure l'excitation de la lutte, se montrera plus tard avec une énergie croissante.

On verra se former en France un parti de la paix, qui sera le parti de la liberté. Ce parti s'organisera en Allemagne comme en France, et une ère bien plus pacifique qu'on ne l'imagine s'ouvrira, je l'espère, pour notre Europe, à mesure que le libéralisme absorbera le militarisme.

Quoi qu'il en soit de cette espérance, le fait est que la passion guerrière a beaucoup décru en France, et qu'on nous fait tort, en nous jugeant d'après nos sentiments d'il y a cinquante ans. Si la France s'est laissé entraîner à cette guerre, si la force de résistance a fait défaut, si les clameurs de quelques villes ont imposé à la plus grande partie du pays un silence coupable et que nous expions douloureusement, il n'en est pas moins vrai que la majorité, chez nous, ne cherche ni la revanche de Waterloo, ni la revanche de Sadowa, et que la frontière du Rhin a vu baisser d'année en année le nombre de ses partisans.

Que la guerre se termine par une paix écrasante ou déshonorante, le vieux patriotisme belliqueux reprendra son empire, j'en conviens ; mais que la paix soit modérée, et nous verrons commencer chez nous la propagande des sentiments de modération et de paix. Il est telle paix, qui peut conduire à l'apaisement. Entre Allemands et Français, la haine est un peu factice; elle ne sera pas durable, à moins qu'on ne prenne soin de l'éterniser, en pratiquant le droit de conquête et en se préparant ouvertement pour une nouvelle lutte.

La guerre, comme on la faisait autrefois, avait un certain charme auquel notre nature française était particulièrement sensible. La guerre, comme on la fait aujourd'hui, n'exige pas moins de vaillance, mais la place y manque un peu pour l'élan chevaleresque et pour l'héroïsme individuel ; je doute que nos soldats partent désormais pour leurs campagnes avec l'entrain joyeux de jadis.

Puis, ne comptez-vous pour rien la transformation militaire qui va s'opérer ? Il est impossible que la France n'adopte pas le système des landwehrs ; or, ce changement considérable amènera deux résultats. En premier lieu, nous traverserons une période transitoire qui sera une période d'impuissance : à l'épuisement causé par la guerre de 1870, viendront se joindre les difficultés qu'entraîne une institution nouvelle. En second lieu, le système des landwehrs contribuera, plus que quoi que ce soit au monde, à nous donner le goût de la paix.

Nous aimions la guerre, en partie à cause de notre tempérament gaulois, en partie aussi à cause des facilités que donnent les armées permanentes. Nous ne craignons pas de nous battre, l'Europe ne le sait que trop, mais nous craignons beaucoup de nous déplacer. Ce n'est pas pour rien que nous sommes le peuple le moins émigrant de l'ancien monde. Faire campagne en personne, quitter nos affaires, nos champs, nos familles pour exercer au loin le métier de soldat, cela nous plaira médiocrement. J'ai toujours cru que le désarmement le plus efficace, en ce qui nous concerne du moins, c'était l'adoption du système des landwehrs.

Si vous joignez à tout cela l'impression produite par une paix honorable, vous serez disposé à penser avec moi qu'on se trompe, en supposant la France portée à entreprendre une nouvelle guerre. Donnez-nous une Alsace neutre au lieu d'une Alsace conquise, et, sans oublier nos défaites, nous penserons moins à les venger qu'à gagner des batailles d'un autre genre et qu'à travailler, en y consacrant toute notre énergie morale, au relèvement de notre pays.

Je l'ai déjà dit: cette guerre, c'est la condamnation de la guerre. Elle a soulevé un sentiment d'horreur qui ne s'effacera pas de longtemps, et qui constitue une véritable garantie de paix.

Le côté victorieux, le côté brillant de la guerre a presque disparu: c'est quelque chose d'horriblement sérieux; c'est une besogne formidable et triste; il y a trop de victimes, pour que les vainqueurs eux-mêmes puissent se réjouir.

Ce qu'il y a de glorieux s'éclipse derrière ce qu'il y a de funèbre. Un sentiment de désastre pèse lourdement sur les cœurs.

Ce n'est pas le moment de mettre en doute la possibilité d'une paix future et de se défier de la générosité. Vous ne croyez pas à la réconciliation! Au point de vue de la politique vulgaire, vous avez raison; mais il est une autre politique, qu'on traite de chimérique, parce qu'elle est idéale. Celle-là ne voit pas seulement les garanties matérielles, les places fortes, les défilés de montagnes, l'affaiblissement d'un pays voisin; son regard découvre des garanties d'un ordre supérieur: elle croit à la puissance des idées, à l'influence des sentiments élevés, à l'action de l'opinion publique, aux triomphes pacifiques de la liberté, et, pourquoi ne pas le dire, à la bénédiction de Dieu. Cette politique-là, qui est la grande, ne désespère pas ; elle sait sacrifier beaucoup pour recueillir beaucoup plus, elle espère la réconciliation des peuples, et elle l'obtient.

IV

Redescendons, je le veux bien, au point de vue des intérêts. Quels sont les motifs pour l'Allemagne, de consentir à une transaction ?

La paix modérée a le grand mérite d'être la paix prompte, par conséquent elle assure à l'Allemagne un double bienfait : elle n'a plus à redouter l'hiver et son cortège de maladies ; elle n'a plus à résoudre ces terribles questions de bombardement, qui prennent, lorsqu'il s'agit de Paris, des proportions inquiétantes, et dont une politique habile (je laisse de côté l'humanité) doit craindre le retentissement.

La paix modérée a un autre avantage : c'est la seule qui puisse être une paix signée. Il n'est pas indifférent à l'Allemagne qu'un traité consacre régulièrement le résultat de ses succès. Il ne lui est pas indifférent non plus, je le suppose, que ces offres modérées facilitent l'organisation en France d'un gouvernement modéré. Si la violence fait naître la violence, la modération engendre la modération ; il y a en Europe une contagion du bien et du mal ; je ne vois pas ce que gagnerait l'Allemagne à créer de ses mains, tout auprès d'elle, une France révolutionnaire, par l'effet même de la lutte à outrance et par l'impossibilité de trouver quelqu'un, chez nous, qui voulût signer certaine paix.

La paix modérée présente, au point de vue de l'Allemagne, d'autres avantages si évidents que je puis les indiquer sans m'y arrêter.

L'œuvre grande et difficile de l'unité allemande, n'aurait rien à gagner à l'adjonction de territoires annexés malgré eux. L'Angleterre et la Russie, peuvent dire ce que coûtent les Irlande et les Pologne.

En forçant le succès, on s'expose à le compromettre. L'Allemagne abusant de sa victoire, refusant de s'arrêter à la transaction qui assure sa sécurité, opérant un grand déplacement de forces, affichant une prépotence qui menace les autres peuples, risque d'exciter bien des jalousies et bien des craintes. L'Autriche pensera à ses provinces allemandes, la Russie à ses provinces baltiques, on se mettra à parler de la Hollande et de la Suisse ; l'Angleterre se sentira isolée et affaiblie. De là à provoquer de nouvelles guerres, il n'y a pas loin. Étrange résultat d'un système qui s'est donné la mission d'assurer la paix et qui, à force de maintenir sans concession aucune les garanties matérielles de cette paix, prépare à notre Europe toute une série de guerres!

V

Non seulement l'Allemagne mettrait la paix en péril si elle agissait ainsi, mais elle tournerait le dos à sa vraie grandeur. Loin de tirer trop parti de ses avantages, il est permis de dire qu'elle n'en tirerait pas assez parti. En prenant nos provinces, elle diminuerait sa situation, loin de l'accroître.

Cette situation pourrait être si magnifique! Du jour où l'Allemagne se prêterait à une transaction, elle ferait tomber bien des accusations, bien des haines, et satisferait dans son propre sein tous ceux qui aspirent ardemment à la paix, qui trouvent qu'une guerre trop continuée devient une guerre mal justifiée.

L'Allemagne a devant elle une occasion unique de se poser aux yeux de l'Europe, comme la puissance conservatrice par excellence. C'est un rôle digne de son ambition, puisqu'elle en a. Comme garantie de sécurité et aussi comme moyen de grandeur, rien n'égalerait cette modération dans le triomphe. L'Allemagne, et plus particulièrement la Prusse, n'aurait certes pas à se plaindre de la médiocrité des résultats consacrés par une paix modérée.

L'unité allemande réalisée et admise par toutes les puissances, le roi de Prusse devenu chef d'un immense empire, l'Alsace neutre et les forteresses démantelées supprimant désormais la crainte d'une attaque française, tout cela serait obtenu par la paix modérée.

Et je ne parle pas de la contribution de guerre. Je ne parle pas non plus de la belle initiative dont l'Allemagne pourrait se saisir, aux applaudissements du monde entier.

Si elle osait être tout à fait grande, si elle obéissait aux inspirations d'une politique assez habile pour être généreuse avec audace, elle exécuterait spontanément ses engagements envers le Danemark. Bien plus, elle convoquerait un congrès à Berlin ; elle donnerait elle-même l'exemple de ce progrès après lequel soupire l'Europe, et qui s'appelle le désarmement. Réduisant à deux ans le service dans la ligne, diminuant la durée du service dans les landwehrs, elle apporterait à notre vieux monde exténué, écrasé, fatigué de la guerre jusqu'au dégoût, le bienfait inespéré de la réduction des armements.

Voilà des garanties de paix un peu plus solides, on peut m'en croire, que la conquête de l'Alsace et de la Lorraine. Voilà une paix qui produirait l'apaisement. L'Europe se féliciterait de voir au centre du continent un très grand pays heureux dans la guerre, mais empressé de se tourner vers la paix, entrant dans les voies libérales, et opposant une barrière aux ambitions de la Russie. Le congrès de Berlin opérerait la revision du droit international, en ce qui concerne les usages de la guerre sur terre et sur mer. Plusieurs de ces usages sont atroces, et, bien qu'on ne puisse se flatter d'ôter jamais à la guerre son caractère dur et cruel, il y a certainement quelque chose à faire pour réduire les nécessités militaires à des limites beaucoup plus étroites. Il ne saurait être indifférent à un pays tel que l'Allemagne, de se placer à l'avant-garde du progrès. Après avoir excité bien des sentiments hostiles, il serait certes habile de rallier ainsi les sympathies. Par l'abandon des exigences extrêmes, par le désarmement, par la proposition de traités assurant le respect de la propriété sur mer, adoucissant le code militaire, organisant l'arbitrage européen, elle prendrait son véritable rôle et commencerait cette mission libérale, pacifique et aussi conservatrice, qui est évidemment la sienne.

J'ai parlé d'habileté, j'aurais pu parler de générosité ; mais je ne veux pas prendre l'attitude d'un suppliant, et il ne me convient pas de présenter à l'Allemagne d'autres considérations que celles qui touchent à ses intérêts. Restons sur le terrain de la politique. On saura avant peu si le comte de Bismark possède la grande habileté ou s'il n'a que la petite. La grande habileté tient compte des avantages moraux, plus encore que des avantages matériels ; elle tient compte des âmes. Et par cela même, elle seule est réellement habile, parce que seule elle se place sur le terrain de la vérité. La vérité est dans une région plus haute qu'on ne le suppose en général ; les hommes qui tournent l'idéal en ridicule ne savent pas que l'idéal c'est le réel, en politique comme ailleurs.

Il serait déplorable que la stratégie fît trop

invasion dans la politique, et que M. de Moltke empiétât sur M. de Bismark. On dit que nous n'aurions pas eu la guerre actuelle, si les traités de 1815 n'avaient pas laissé l'Alsace aux mains de la France. Je n'en sais rien ; en tout cas, le traité qu'il s'agirait de signer en 1870, assurerait à l'Allemagne une tout autre position que les traités de 1815 : l'Alsace république neutre, Metz et les autres forteresses démantelées, c'est un immense changement. Joignez à cela la grande Allemagne, constituée dans son unité ; le système des landwehrs faisant le tour de l'Europe et constituant, en France surtout, le plus efficace des désarmements ; le prestige militaire enfin, assuré à l'Allemagne par sa récente campagne, et vous avouerez qu'elle peut vivre en pleine tranquillité, à moins qu'elle ne se donne la tâche de préparer des guerres nouvelles en refusant les conseils de la modération.

Ces conseils ne seront pas refusés, je l'espère. Le discours royal qui vient d'être lu à Berlin n'exprime, au sujet de la sûreté des frontières allemandes, qu'un désir fort sensé, auquel l'Alsace neutre satisferait parfaitement [1].

On aura beau taxer la modération d'imprudence, les esprits vraiment élevés, et j'ajouterai vraiment politiques, comprendront tous ces imprudences-là. De tels esprits ne manquent pas en Allemagne, et le cœur du prince royal n'est pas le seul qui batte pour la paix.

La plus belle des victoires de l'Allemagne, ce sera celle qu'elle aura remportée sur elle-même.

1. Je parle du discours royal, non des commentaires qui y ont été joints.

L'INTÉRÊT DE L'EUROPE

I

— L'Alsace est la clef de notre maison ; impossible de la livrer aux Allemands ! L'Alsace est la clef de notre maison ; impossible de la laisser aux Français ! — Voilà ce qu'on entend dire en France et en Allemagne. La conclusion ressort d'elle-même : la clef ne saurait être remise ni aux uns ni aux autres ; cette clef des deux maisons, ce passe-partout, doit être placé entre les mains d'un pays neutre. La nécessité d'une neutralité alsacienne apparaît ici avec le caractère de l'évidence.

Il y a effectivement en Alsace une porte toute grande ouverte, et ce n'est pas seulement la porte de l'Allemagne ou la porte de la France : c'est la porte par laquelle passe la guerre, lorsqu'elle veut troubler jusqu'au fond le repos de l'Europe.

A-t-on tenu à ne pas fermer cette porte des grandes guerres ? On le dirait, en vérité. Consultez une carte, vous verrez que l'Alsace constitue la seule lacune dans cette one neutralisée, si prudemment établie entre es Français et les Allemands. Un enfant de dix ans, auquel on demanderait quel est le moyen d'empêcher la rencontre sanglante des deux peuples, mettrait son doigt sur la carte et dirait : « Voilà le trou qu'il faut boucher. »

Un trou, une brèche, une porte, qu'on nomme ceci comme on voudra, le fait est que la discontinuité de la zone neutralisée, semble avoir pour but exprès de ne pas prévenir les guerres. Après la Belgique neutre vient le Luxembourg neutre; puis on saute par-dessus l'Alsace, pour atteindre la Suisse neutre. On est obligé de traverser l'Alsace, lorsqu'on veut se passer la fantaisie de se battre. La guerre actuelle l'a bien prouvé; bon gré mal gré, il a fallu resserrer le plan d'attaque et de défense entre Bâle et le Luxembourg.

En complétant la zone neutralisée, on la fortifiera dans une large mesure. Tant qu'on laisse ouverte la porte d'Alsace, la neutralité de la Belgique, du Luxembourg et de la Suisse ne revêt pas suffisamment le caractère d'une institution européenne, d'un intérêt, disons mieux, d'un principe de premier ordre. Nous nous en sommes tous aperçus : si le respect des trois pays neutres a été maintenu, il ne l'a pas été sans quelques mollesses et sans quelques hésitations. N'avons-nous pas entendu des hommes qui passent pour avoir le sens politique, proposer d'arranger les affaires en donnant à l'Allemagne le Luxembourg, c'est-à-dire en agrandissant la porte de moitié !

La neutralité des trois pays acquerra une valeur immense, le jour où un quatrième pays leur sera adjoint. Ce jour-là, le rempart de la neutralité s'achèvera ; il y aura entre les deux grandes nations militaires une muraille de la Chine ; je me trompe : un solide boulevard formé par la garantie, désormais ardente et vigilante, de toutes les puissances qui aiment la paix.

L'engagement de prendre fait et cause pour les neutres, quand ils sont attaqués, deviendra ainsi un véritable devoir, un devoir accepté et pratiqué. La zone neutralisée se sera fait comprendre en se complétant. Dès lors, l'organisation d'une police de la paix en Europe, pourra passer du domaine des chimères dans celui des réalités. Tous auront les yeux sur l'espace sacré dont le respect importera à tous. L'indépendance des neutres ne sera plus à la merci d'un caprice, d'une sympathie, d'une défaillance, d'un avantage passager, d'un changement de cabinet en Angleterre, d'un changement de gouvernement en France. Le devoir de protéger la zone neutralisée, sera devenu la plus solide maxime du droit international.

Tout ceci me semble avoir à un tel point le caractère de l'évidence, que je me prends à espérer. Qui donc, juste ciel, aurait intérêt à laisser ouverte la porte de la guerre?

Je le demande à l'Allemagne elle-même, cette garantie d'une zone neutre dorénavant ininterrompue, ne lui vaut-elle pas dix fois mieux que la conquête? Non seulement celle-ci est odieuse et prépare des guerres nouvelles au lieu d'amener la paix, mais elle maintient cette contiguïté des deux nations, qu'il importe de supprimer à tout prix. Elle fait commencer l'attaque un peu plus à l'Ouest, voilà tout. Avec l'Alsace neutre, augmentée de la Lorraine allemande, il ne se rencontre plus nulle part un seul pouce de frontière commune à la France et à l'Allemagne; un épais tampon est établi pour parer le choc. L'agresseur, quel qu'il soit, est forcé de commettre un crime dès son premier pas, en violant l'indépendance d'un pays neutre ; or, ce crime a les proportions d'un attentat européen.

II

Quand on veut une paix stable (et tel est le but proclamé, je dis mieux, le but réel de l'immense majorité en Allemagne), le plus sûr moyen consiste à ne pas abuser de la victoire. En user est légitime ; en abuser est odieux, par là même dangereux. Annexer l'Alsace et la Lorraine c'est, dit-on, une garantie de paix ! Vis-à-vis de nous peut-être, quoique j'en doute ; mais il ne faudrait pas, en prenant ces précautions contre une guerre française, se préparer deux ou trois guerres avec d'autres puissances.

Je ne parle pas d'une nonvelle guerre

avec la France, et toutefois, comment n'y pas croire? Soit que la prise de possession de l'Alsace demeure un simple fait, soit qu'un traité la reconnaisse à titre de droit, elle laissera dans les cœurs français un indestructible désir de vengeance.

Vous aurez beau faire, la principale garantie de paix sera toujours l'apaisement. Avoir en Europe une nation d'irréconciliables, ce serait s'y prendre étrangement pour préparer la sécurité de l'avenir.

Il faut à l'Europe une paix bien faite et non pas une veillée des armes.

Avec l'Alsace pays conquis et pays sujet, avec l'Europe inquiète et jalouse, avec la France en quête de vengeances, nous ferons bien de renoncer une fois pour toutes à la paix. Une politique imprudente à force de précautions et manquant son but à force de le dépasser, aura sacrifié d'un seul coup le fruit des victoires allemandes et l'avenir de l'Europe. Au lieu de rentrer chez soi, de licencier les landwehrs, de convoquer un congrès, de donner l'exemple du désarmement, de prendre les nobles initiatives et de constituer l'unité d'un grand peuple pour l'accomplissement d'une mission de paix, il s'agira de rester l'arme au bras et la mèche allumée, regardant de l'autre côté des Vosges, et regardant aussi du côté de l'Autriche, de la Russie et de l'Angleterre. Alors le terme de la guerre reculera indéfiniment devant nous ; il faudra nous contenter d'une trêve fiévreuse entre deux batailles.

Un pays neutre et libre, c'est la fin ; un pays conquis, c'est le commencement.

D'autre part, il est assurément de l'intérêt de l'Europe qu'un trop grand déplacement de forces ne s'opère pas dans son sein. S'il est une théorie de l'équilibre qui a vieilli, il en est une qui restera éternellement jeune, parce qu'elle sera éternellement vraie.

Toujours les prépotences amènent à leur

suite des réactions. Louis XIV et Napoléon en ont fait l'expérience; l'Allemagne pourrait la faire à son tour.

Le comte de Bismark ne discerne-t-il pas déjà dans l'incident russe, dans l'attitude adoptée par l'Angleterre et l'Autriche, l'indication de ce malaise que fait naître l'idée d'une Allemagne trop puissante et d'une France trop affaiblie?

Il est certain que l'Europe, sans la France, ne se reconnaîtrait plus elle-même. J'ai horreur des exagérations, surtout des exagérations soi-disant patriotiques; mais la France supprimée ou amoindrie outre mesure, jetterait la politique internationale dans un trouble difficile à calmer.

La question qui se pose pour l'Europe, c'est aussi celle de savoir ce que deviendra l'Allemagne elle-même. Question redoutable, car de sa solution dépend l'avenir de notre ancien monde tout entier. Selon que l'Allemagne absorbera la Prusse ou que la Prusse assujettira l'Allemagne, nous entrerons dans une ère de tranquillité ou dans l'ère d'insécurité définitive.

Si l'Allemagne absorbe la Prusse, tout en plaçant une dynastie prussienne à sa tête, le libéralisme l'emportera bientôt sur le militarisme. Les Allemands n'ont rien de ce qui caractérise les peuples essentiellement militaires. La gloire des armes les touche peu ; ils ne trouvent aucun charme à la guerre considérée en elle-même, et ce n'est pas eux qui se battront pour le plaisir de se battre. L'unité de l'Allemagne satisfait pleinement à leur ambition, et l'organisation de cette unité leur donnera assez de besogne pour occuper pendant longtemps leur inexpérience politique.

Je n'en dirai pas autant de la Prusse. Dans le cas où, pour son malheur, pour celui de l'Allemagne et pour le nôtre, elle créerait l'Allemagne unie sans s'y absorber glorieusement, il est clair qu'un tout autre esprit présiderait à cette transformation. On s'occuperait moins de discuter des lois et de réaliser des progrès que d'organiser des régiments et de donner à tous les États de la Confédération l'empreinte de la bureaucratie berlinoise. Ainsi l'Allemagne tournerait le dos à sa grande mission de puissance pacifique, conservatrice et libérale.

L'Europe ne saurait l'ignorer, tout dépend ici d'une seule chose : la guerre actuelle va-t-elle ou non se terminer par une paix modérée et prompte? Si l'état de guerre se prolonge, si le système de conquête l'emporte, l'Allemagne s'effacera évidemment derrière la Prusse. Et la raison en est fort simple : le rôle du militarisme ne prendra pas fin, par le fait même que la guerre ne sera pas finie. Adieu le désarmement; adieu le soulagement des populations épuisées par le service militaire; adieu la création de l'arbitrage européen; adieu les perspectives de liberté et de paix! Après avoir combattu, il faudra se préparer à combattre encore; après avoir conquis, il faudra se préparer à de nouvelles conquêtes. Lorsqu'on préfère les solutions violentes aux solutions modérées, on se condamne à l'ambition : l'Allemagne deviendra ambitieuse par nécessité, elle qui ne l'est pas par tempérament.

Avec un tel état de choses, l'Europe devrait s'attendre à tout. Le système entier des alliances serait bouleversé. Il est des alliances pacifiques et conservatrices ; il est des alliances perturbatrices et menaçantes. A moins qu'une transaction honorable ne termine la guerre actuelle, la France désespérée cherchera des alliés partout et à tout prix. Quelle chance pour les puissances remuantes et que n'arrêtent pas des scrupules trop gênants ! N'avons-nous pas vu la Russie mettre à profit les anxiétés générales pour obtenir, avec une habileté peu recommandable, la revision du traité de Paris ?

Un autre péril menacerait la paix de l'Europe : la France exaspérée pourrait devenir une France révolutionnaire. Quand un pays tel que celui-là est en feu, quel est le pays qui peut se croire à l'abri de l'incendie ?

La paix modérée donne seule chez nous des chances aux hommes modérés ; les exigences extrêmes peuvent préparer le triomphe des partis extrêmes. Alors, c'est la révolution à l'état chronique, une maladie contagieuse s'il en fut : que l'Europe y fasse attention. Je ne souhaite à personne le voisinage d'une France disloquée, furieuse, en proie à la fièvre, acceptant tous les hommes et tous les moyens.

Il importe donc à l'Europe, comme à la France, comme à l'Alsace, comme à l'Allemagne, et je ne crains pas d'ajouter, comme à la Prusse, intéressée la première à ne pas compromettre les fruits prodigieux de ses succès et de sa politique, il importe au monde entier que l'indépendance d'un pays neutre vienne remplacer, dans le futur traité de paix, la prise de possession d'un pays conquis. En complétant la zone neutralisée, en fermant la terrible porte des guerres, on préviendra autant que possible ce fléau de la guerre générale qui serait le mal suprême.

Un sûr instinct l'a dit à l'Europe; elle a pressenti que, si la lutte n'était pas localisée, nous subirions une tempête après laquelle il resterait à peine quelques débris, débris de civilisation, débris de liberté.

La zone neutralisée localise les guerres. Le rasement des forteresses d'Alsace et de Lorraine enlève à la France, sans le donner à l'Allemagne, un quadrilatère qui a surtout servi et qui servirait surtout à l'offensive; affaiblir l'offensive et fortifier la défensive, tel est le but que l'Europe doit se proposer partout.

Un problème redoutable est maintenant posé. De la manière dont il sera résolu dépend, pour longtemps peut-être, l'avenir de la civilisation. Un petit État libre de plus, c'est peu de chose en apparence; c'est beaucoup, si l'on songe à cette tendance qui crée de nos jours les grosses agglomérations et menace de créer aussi les gros despotismes.

Le pangermanisme n'est pas loin et le panslavisme est prêt à lui faire face. Nul ne sait jusqu'où pourrait nous entraîner le principe des nationalités, tel qu'il ose se formuler.

En présence de si grands périls, les puissances médiatrices ne sauraient se renfermer plus longtemps dans le rôle impuissant et effacé qui jusqu'à présent a été le leur. Je ne leur reproche certes point de ne pas être intervenues les armes à la main, elles auraient généralisé la guerre ; je leur reproche de n'avoir pas eu de programme. Elles n'ont présenté que des propositions vagues ; elles n'ont recommandé aucune base solide soit pour l'armistice, soit pour la paix. Le jour où elles patronneraient ouvertement une transaction donnant satisfaction réelle à l'Allemagne et préservant la France d'un sacrifice par trop douloureux, elles auraient chance d'être écoutées. D'un côté comme de l'autre, on commencerait par trouver les conditions bien dures ; d'un côté comme de l'autre, on finirait par réfléchir.

CONCLUSION

J'ai tâché de me renfermer strictement dans le sujet que j'avais à traiter. En recherchant les termes d'une transaction qui satisfît, par une garantie autre que la conquête, au désir de sécurité que manifeste l'Allemagne, j'ai écarté les propositions sans valeur dont la discussion nous aurait entraînés trop loin. Quel rapport pourrait avoir avec cette sécurité de l'Allemagne, l'Alsace neutralisée sans devenir un pays à part, la cession d'une partie de nos vaisseaux cuirassés ou de quelques-unes de nos colonies? En quoi l'abandon d'une colonie différerait-il de l'application du droit de conquête?

Pour en revenir à la république neutre d'Alsace, plus j'y réfléchis, plus je me con vaincs qu'il y a là une solution telle que doivent l'accepter dans leurs situations pré sentes l'Allemagne et la France. Je l'ai déjà dit, toute bonne solution est une solution de liberté; ceci nous consolera un peu, nous Français, si nous accomplissons ce douloureux sacrifice. Quant aux Allemands, je le leur déclare avec une loyauté qu'ils auraient tort de mettre en doute, de tous les moyens de fortifier leur frontière, celui-ci est le plus efficace. Leur frontière acquerra une solidité toute nouvelle; le point de départ des attaques françaises sera supprimé; une indépendance et une neutralité, deux remparts au lieu d'un, se dresseront entre eux et nous; la vigilance de l'Europe y tiendra en quelque sorte garnison; les États du Sud se sentiront soustraits à cette inquiétude que leur inspirait un puissant et menaçant voisin;

nous nous trouverons aussi loin que possible du protectorat français et de la Confédération du Rhin.

Mais il ne suffit pas, je ne le sais que trop, qu'un traité de paix soit conforme aux intérêts de tous, pour que tous y donnent les mains. Il faut à la négociation de la paix les secours de l'esprit de paix. Cet esprit existe-t-il ? Je n'ai pas à discuter une pareille question au point de vue de l'Allemagne ; qu'elle fasse elle-même son examen de conscience. Quant à nous, notre examen de conscience nous amènera, je le crois, à reconnaître que nos sentiments actuels, que les idées qui ont cours chez nous, que nos manifestations officielles d'une part et nos silences de l'autre, font obstacle à la conclusion d'une paix honorable.

Qu'est-ce que ce déploiement de sentiments haineux dont nous sommes aujourd'hui témoins ? On dirait que nous nous appliquons à envenimer, au lieu d'adoucir ; nous versons de nos propres mains du poison sur ces plaies de la guerre, qui sont déjà assez douloureuses par elles-mêmes. Nous semblons oublier que notre devoir de chrétiens, que notre devoir de braves gens consiste à procurer la paix. On ne surmonte le mal que par le bien ; on ne surmonte la haine que par la charité.

Il y a des haines à surmonter dans les deux pays, et quel compte n'aurions-nous pas à rendre, si nous nous efforcions de les attiser ! Il est facile de passionner les âmes, d'exaspérer les instincts mauvais, de lever l'armée des méchancetés, de faire naître la soif des vengeances, disons mieux, la soif du sang.

La cruauté appelle la cruauté, aussi sûrement que la douceur appelle la douceur. Un exécrable héritage de violences et de détestations peut être transmis aux générations futures ; nous pouvons préparer à nos enfants un avenir qui fera regretter nos misères actuelles.

Je souffre comme Français, et plus que je ne saurais le dire, quand je vois qu'on excite chez nous ces férocités, sous prétexte de donner à notre peuple la virilité que réclament des circonstances suprêmes.

L'esprit de paix énerverait-il, par hasard, le courage des citoyens? Faudrait-il haïr pour bien combattre? Il fut un temps où nous ne pensions pas ainsi : nous trouvions plus chevaleresque de rendre hommage à la vaillance de nos ennemis.

Loin d'ajouter aux forces de la France, nos rages patriotiques et nos excitations convulsives sont, aux yeux de l'Europe, un signe évident de faiblesse. Plus forts nous serions plus calmes, et plus calmes nous serions plus justes.

Plus justes, ai-je dit ; ce n'est pas seulement, en effet, au nom de la charité, c'est au nom de la justice qu'il faut renvoyer à l'enfer qui les a vomies, ces furies de la haine et du meurtre, déchaînées parmi nous.

Nous sommes en train de devenir injustes par-delà toute mesure.

Le blâme que nous pourrions équitablement infliger à certains actes odieux des Allemands s'affaiblit, et perd sa valeur, noyé qu'il est dans l'exagération d'une flétrissure générale. Tenons-nous donc à imiter le premier empire, à transcrire, pour les appliquer aux Allemands et à Bismark, ces fameux articles du *Moniteur*, qui vouaient les Anglais et Pitt à l'exécration de la postérité? C'est une besogne toute préparée et nous ne ferons jamais mieux : Pitt est un monstre, les Anglais sont la honte du genre humain!

Notre passion nous représente aujourd'hui un ministre pervers, un roi cruel et hypocrite, une armée sauvage, une nation sans entrailles et sans conscience, une guerre dont les atrocités n'ont point de précédents dans l'histoire, une invasion de barbares qui dépassent Genséric et Attila.

Je ne veux rien atténuer; tout en faisant la part des horribles nécessités de la guerre, je m'indigne des rigueurs extrêmes qui viennent souvent s'y ajouter. La guerre est le grand coupable, je le sais, et personne ne l'adoucira jamais ; toutefois, certains actes restent mauvais ; nous avons raison de les réprouver, au nom de la conscience universelle.

Cela posé, et le cœur plein de la douleur que me cause ce qui se passe dans mon pays, je n'en éprouve pas moins le besoin d'être juste. Défions-nous de ces maximes unilatérales, en vertu desquelles nous trouvons impardonnable chez les autres, ce que nous nous pardonnons fort aisément à nous-mêmes.

Nous sommes partis pour envahir, et l'invasion nous paraît le plus odieux des crimes. Nous allions à Berlin, et nous trouvons qu'il y a une perversité sans égale à bloquer Paris. Nous ne serions pas revenus d'une campagne victorieuse, longue et sanglante, sans en rapporter un accroissement de nos provinces de l'Est, et l'Allemagne, lorsqu'elle réclame l'Alsace et la Lorraine, nous fait l'effet d'inventer pour la circonstance un abominable droit de conquête.

Nous serions plus justes, si nous consentions à renverser les rôles : mettons-nous à la place des Allemands. Nous avons été attaqués et envahis par un très puissant voisin, au XVIIe siècle d'abord, au XVIIIe ensuite, au commencement du XIXe enfin. Cette dernière invasion a été un écrasement ; notre pays a été occupé d'un bout à l'autre, des provinces entières lui ont été enlevées, des réquisitions impitoyables l'ont dépouillé ; il ne s'est délivré qu'après avoir subi le joug pendant plusieurs années. Et maintenant, cela recommence : le XIXe siècle est témoin d'une attaque nouvelle? Que ferons-nous? Je le répète. Ne penserons-nous pas, nous Français, que cette fois il faut en finir? Ayant repoussé l'attaque et rejeté la guerre chez l'ennemi, ayant versé dans cette terrible lutte le meilleur de notre sang, ne persisterons-nous pas à combattre, tant que nous n'aurons pas obtenu une garantie de paix pour l'avenir, une sécurité pour nos frontières?

Les peuples étrangers s'étonnent des privilèges que nous réclamons. Ils croient que leur territoire est aussi sacré que le nôtre, que leurs capitales sont aussi sacrées que Paris. Ils ne nous reconnaissent aucune inviolabilité particulière.

Ils ont raison ; ayons le courage de le dire. La France ne peut que s'honorer aux yeux du monde, en se plaçant elle-même sur le terrain du droit commun. Nous qui avons supprimé tant de privilèges, nous aurions mauvaise grâce à maintenir celui-là.

— Mais, s'écrie-t-on, ceci est une guerre implacable ; il dépendait des vainqueurs de la terminer depuis longtemps. Depuis que l'ouverture de M. Jules Favre a été repoussée, c'est une guerre nouvelle, une guerre d'ambition et de conquête, une guerre d'invasion; c'est la guerre offensive qui a remplacé la guerre défensive ; c'est la guerre allemande qui a remplacé la guerre française ; nous étions responsables de la première; l'Allemagne seule est responsable de la seconde!

Je ne prétends pas que l'esprit de paix n'eût pu inspirer aux chefs de l'Allemagne, des résolutions meilleures que celles qu'ils ont adoptées depuis Sedan. Ce cri de leurs propres armées: « La guerre est finie! » exprimait une pensée vraie. On eût pu retourner alors chez soi, en se contentant de prendre des gages, de continuer le blocus de Metz, d'achever ou d'entreprendre le siège des places fortes dans les départements qu'on aurait voulu occuper.

Quant à traiter de la paix, il n'y avait pas réellement moyen ; on sait quel était le programme de notre gouvernement. Ni un pouce du territoire, ni une pierre des forteresses. A la place de l'Allemagne, aurions-nous accepté de telles bases?

— Mais l'empire avait été renversé! Mais la république avait été proclamée! — Oui, l'empire avait été renversé, par le roi de Prusse et non par nous.

Reste la proclamation de la république. On sait que je ne suis point hostile à cette forme de gouvernement ; je ne saurais admettre toutefois qu'elle possède un caractère de sainteté, une sorte de droit divin, et que l'ennemi soit tenu de s'arrêter devant elle, sous peine de sacrilège. A vrai dire, nous ne saurions présenter aucune de nos formes de gouvernement à titre de garantie ; nous en changeons trop souvent. Sommée de se retirer et de rentrer chez elle, parce que la république a remplacé l'empire et parce que nous désavouons une guerre malheureuse, l'Allemagne pourrait se retrouver trois mois après en face d'un autre gouvernement, d'un gouvernement belliqueux ; il suffirait d'une nouvelle révolution à Paris. Soyons vrais, la république n'est pas une garantie valable.

S'agit-il des cruautés commises par les armées allemandes? Je doute qu'elles rencontrent un juge plus sévère que moi : je ne puis entendre parler d'un village brûlé ou d'un pauvre paysan qu'on passe par les armes sans que mon cœur se révolte. Et néanmoins, je suis bien forcé de le dire, la guerre est la guerre. Où s'arrêtent les terribles nécessités qu'elle entraîne? Qui osera fixer leurs limites précises? Nous-mêmes, si nous avions réussi, si nous étions aussi avancés en Allemagne que les Allemands le sont en France, si nous étions forcés de protéger des communications aussi longues contre l'hostilité de tout un peuple, ne recourrions-nous pas à des mesures rigoureuses? Nous avons beaucoup fusillé en Espagne, beaucoup fusillé et pendu au Mexique. L'Allemagne, puisqu'il s'agit d'elle, n'a pas oublié le chiffre de nos réquisitions. Quant aux bombardements, nous avions emporté des bombes et des obus; après nous en être servi à Saarbruck, nous comptions bien, je pense, nous en servir contre Rastadt et Coblence.

Il n'y a pas si longtemps d'ailleurs, que les vaisseaux français et anglais jetaient des bombes dans Odessa, ville ouverte. Plus récemment encore, le bombardement de Charleston avait été poursuivi pendant plusieurs mois par l'armée américaine, sans qu'aucun de nous songeât à s'en formaliser.

Je dis tout cela pour l'acquit de ma conscience et dans un sentiment d'impartialité, bien convaincu d'ailleurs que certains actes sont mauvais en eux-mêmes, que le mal est toujours le mal, qu'on ne doit pas le justifier, et que le moment approche où l'indignation du genre humain opérera, qu'on le veuille ou non, une réforme des usages de la guerre. Ce ne sera pas la première, ni la dernière non plus.

Est-il juste, enfin, de reprocher au roi de Prusse les paroles par lesquelles il rend grâce à Dieu de ses victoires? Je vois qu'on s'en irrite beaucoup, et je me demande pourquoi. Si toute guerre est un crime, on a raison : prier pour un crime, rendre grâce pour le succès d'un crime, c'est une des plus hideuses infamies que le pharisaïsme ait inventées. Mais il est des guerres légitimes ;

je dis plus, il est des guerres saintes; les guerres défensives sont du nombre. A tort ou à raison, le roi de Prusse est persuadé que la guerre actuelle a ce caractère; en la faisant, en la poursuivant jusqu'à ce que le but défensif soit atteint et qu'il ait obtenu (dans son opinion, j'entends) la sécurité de la frontière allemande, il a le sentiment de remplir un devoir.

Avec ce sentiment-là, on peut prier et rendre grâce. Verser le sang, c'est une chose horrible ; toutefois, le soldat qui tue pour défendre son pays remplit un devoir ; qui de nous lui reprochera de s'agenouiller, d'implorer la protection divine, de remercier Dieu pour le succès de ses armes !

Nous ne devons pas faire aux autres ce que nous ne voudrions pas qui nous fût fait ! Néanmoins le juge qui condamne un criminel accomplit un acte légitime, et le prince qui combat à la tête de ses troupes pour protéger la patrie menacée se trouve dans le même cas.

Remplit-il simplement son devoir, ou mêle-t-il à la guerre défensive des pensées d'ambition et de conquête ? Ceci est une autre question ; elle relève de sa conscience.

A côté de l'esprit de paix et de l'esprit de justice, je voudrais voir apparaître chez nous l'esprit de liberté. Sans lui, nous aurons de la peine à faire prévaloir une transaction.

Pour réagir contre les excitations violentes, il faut un peu de courage, il faut un peu de cette indépendance personnelle que notre centralisation latine a trop affaiblie. Nous avons pris l'habitude de laisser faire les minorités tapageuses, de suivre les courants sans leur résister, de céder aux entraînements souvent factices dont Paris donne le signal. Et que dis-je, Paris ! une portion de Paris. Plus d'une fois la France a laissé faire Paris, qui laissait faire à son tour une minorité de Parisiens.

Depuis quelques mois, nous ne cessons de

trouver des motifs pour nous abstenir et pour nous taire. Nous nous sommes tus au mois de juillet : A quoi bon combattre la déclaration de guerre ! N'était-il pas trop tard ! Ne fallait-il pas suivre le drapeau ? Pouvions-nous nous diviser devant l'ennemi ! Nous nous sommes tus au mois de septembre : Comment dénoncer la fondation quelque peu brutale de notre gouvernement républicain ? La France n'était-elle pas envahie ? Allions-nous rendre à l'ennemi le service de nous diviser ?

A la bonne heure, et je n'y contredis pas; mais lorsqu'on nous engage maintenant à pratiquer jusqu'au bout cette théorie du silence, je m'inquiète pour la liberté.

N'abusons pas des dictatures ; elles ressemblent beaucoup au despotisme et elles y mènent en se prolongeant. L'unité plus apparente que réelle que l'on crée de la sorte, fournit une force qui, elle aussi, a plus d'apparence que de réalité.

Je crois à la liberté, je crois la liberté

bonne en toutes circonstances, et plus ces circonstances sont graves, plus il importe, selon moi, que le pays soit consulté. Étrange doctrine, qui traite la liberté en suspecte et qui tient à sauver le pays sans elle !

Et sur quoi consultera-t-on un grand peuple, si l'on décide sans lui les questions qui l'intéressent le plus : des questions de vie et de mort ? Un peuple qui ne gouverne pas ses propres affaires, qui ne les gouverne pas surtout quand elles ont une gravité suprême, n'est pas un peuple libre ; on lui donne peut-être la république, on lui refuse la liberté. Il y a toujours de bonnes raisons pour ajourner la liberté, car de sa nature elle est gênante : elle gêne, mais elle sauve.

A Dieu ne plaise que je veuille attaquer les hommes qui ont accepté chez nous la lourde responsabilité du gouvernement. Leur tâche est difficile, les bons citoyens doivent les soutenir, leur refus de convoquer les électeurs me cause d'ailleurs moins de surprise que de regrets. Il est naturel de redouter un nouvel embarras, lorsqu'on en a déjà beaucoup. Et puis, disons la chose carrément, il est naturel de craindre, lorsqu'on aime ardemment la forme républicaine et lorsqu'on pousse fortement à la guerre à outrance, de voir apparaître une France moins avancée dans ses principes, moins exaltée dans sa passion guerrière.

La grande difficulté des élections a toujours été celle-là. On aurait pu, même après le refus de l'armistice, accepter l'offre de M. de Bismark, qui proposait de laisser faire partout les élections et de laisser circuler les députés, y compris ceux de Paris, se rendant à l'Assemblée nationale; on aurait pu recourir à l'un des nombreux moyens qui ont été indiqués, et obtenir une représentation du pays, imparfaite sans doute, mais plus réelle que le vote par acclamation dont on a dû se contenter devant l'Hôtel de Ville de Paris. Ce qu'on aurait pu, on ne l'a pas fait, par la raison très simple que la

France est soupçonnée d'aimer la paix, pourvu que la paix soit honorable, et d'aimer médiocrement la république telle qu'elle se présente en général parmi nous. La république universelle surtout, la république de droit divin et de propagande, la république à introduire en Autriche, en Prusse, en Saxe, en Bavière, en Danemark, en Suède, en Russie, en Hollande, en Belgique, en Espagne, en Italie et en Angleterre, cette république qui est un dogme et à laquelle se rattachent les amis les plus ardents du régime actuel, ne trouverait pas beaucoup d'appui dans notre représentation nationale.

Ne pas consulter un pays sur ses plus grands intérêts parce qu'on pense qu'il voterait mal, c'est adopter la théorie même de la tyrannie. Sous ce prétexte à tout faire, on décidera tant qu'on voudra de nous, sans nous et, au besoin, contre nous. Que voulez-vous ? Nous voterions mal !

Le fait est que d'ici à peu de semaines notre avenir sera réglé : la France apprendra ce qu'elle doit être et ce qu'elle va devenir. L'heure est suprême, en effet, et une fois lancés dans le courant troublé des procédés révolutionnaires, nous ne nous arrêterons pas où nous voudrons. Nous changerons parfois de dictatures, voilà tout. Les perspectives du relèvement libéral auront disparu de notre horizon.

Allez dire à des Anglais que le Parlement est bon pour les circonstances ordinaires, mais qu'en temps de crise il pourrait manquer d'énergie, et qu'il faut voiler alors la statue de la Liberté ! Ils répondront à ces belles phrases, à ces axiomes de salut public, que les temps de crise sont précisément ceux où les peuples qui se respectent tiennent le plus à ne point laisser faire un pas, un seul, sans leur expresse approbation.

Concevez-vous Lincoln renvoyant le Congrès ou ajournant les élections parce qu'une lutte mortelle est engagée, parce que les citoyens sont dans les camps, parce que la moitié du pays est occupée par l'ennemi, parce que celui-ci se trouve presque aux portes de Washington? Non, certes; le Congrès est là, l'opposition est là, les gênes de la liberté sont là. Mais sa force incomparable est là aussi, et, sans le congrès, Lincoln n'aurait pas vaincu.

Ceux qui ont eu peur des élections ont trop oublié la force qu'elles donnent: force pour traiter et force pour combattre. Si la France est pacifique, elle l'est dans les limites de l'honneur national. Le jour où nos députés se trouveraient réunis, leur première déclaration serait contre l'abandon de l'Alsace aux Allemands, la seconde pour la négociation d'une paix honorable. Je ne crois pas que la guerre à outrance et le sombre avenir qu'elle nous prépare, fussent précisément de leur goût; je ne crois pas que le renouvellement de 1792 les séduisît outre mesure; mais ils seraient patriotes dans le meilleur sens du mot.

Il existe deux patriotismes, nous le voyons bien depuis quelques mois. Il y a celui qui se taisait ou qui approuvait bruyamment en juillet : nous lui devons toutes nos humiliations et tous nos désastres. Il y a celui qui flétrissait en juillet la déclaration de guerre, acceptant les reproches et les anathèmes : si l'on avait écouté celui-là, la patrie n'en serait pas où elle est.

Eh bien ! la question se pose aujourd'hui de nouveau entre les deux patriotismes, exactement comme au mois de juillet.

Il est un patriotisme qui rêve une guerre éternelle ; cela ne fait que commencer ; les nouveaux camps fourniront six cent mille hommes ; puis viendra autre chose ; tant qu'il y aura un Français en France, on le jettera à la fournaise ! Qui sait ? La guerre localisée deviendra peut-être générale ; on se battra en 1871 plus encore qu'en 1870 ; nous aurons des batailles à léguer à une autre génération, s'il y a une autre génération après tant de morts !

Les patriotes de la paix pensent, eux, que le salut de la patrie est quelque chose, que l'humanité est aussi quelque chose, et qu'il est permis d'aspirer à la cessation des massacres. Il ne leur est pas indifférent d'ajouter des désastres à nos désastres. Il leur semble fâcheux de créer nous-mêmes pour la France, ce péril que les désastres ne créent pas; le péril de perdre son rang parmi les grandes puissances, à force de s'épuiser et de se dissoudre. Répétons, une fois de plus, qu'aucun d'eux ne prêterait les mains à une paix déshonorante. L'Allemagne ne doit pas s'y tromper, la paix qui lui donnerait l'Alsace et la Lorraine n'a pour elle, chez nous, ni une majorité ni une minorité : elle n'a personne. Plutôt que de la subir, la France jetterait loin d'elle le fourreau de son épée, et l'Europe verrait s'ouvrir l'ère sinistre, l'ère indéfinie où tout entière elle risquerait de sombrer.

L'Europe ne saura-t-elle pas s'interposer?

L'Allemagne ne saura-t-elle pas se modérer?

Une transaction est possible ; si nous n'en faisons pas notre programme fermement arrêté, si par notre faute le sang coule encore, ce sang-là criera contre nous.

J'aime à croire qu'il n'en sera point ainsi. L'heure est propice : l'héroïsme de la France vient de mettre son honneur militaire en sûreté ; celui de l'Allemagne ne court aucun risque, et les garanties qu'elle cherche lui sont offertes.

A l'œuvre donc ! Qu'au courage de combattre se joigne, chez nous, Français, le courage plus rare d'envisager notre situation telle qu'elle est et d'en accepter les conséquences.

Peut-être ce moment où l'on désespère, est-il celui où il faudrait se mettre à espérer. C'est quand on a touché le fond de l'abîme qu'on remonte. C'est quand l'épreuve a été sentie et que le châtiment a été compris, que l'on rentre en soi-même et qu'on saisit le progrès.

Il nous fallait le feu de l'épreuve pour

nous purifier et pour nous refondre. On sait comment naquit ce noble métal, l'airain de Corinthe : il sortit des flammes d'une ville prise par l'ennemi. Du sein de notre fournaise nationale, un airain de Corinthe sortira, je l'espère, lorsque les dons naturels de la France auront été mêlés par cet embrasement, avec le sérieux de l'Évangile.

Comme la Prusse nouvelle est née de la défaite de Iéna, la France nouvelle peut naître du désastre de Sedan. 1806 est la grande date de la Prusse ; pourquoi 1870 ne deviendrait-il pas une des grandes dates de la France ?

NOTES

LE LUXEMBOURG

LETTRE AU *JOURNAL DE GENÈVE*

Valleyres, 14 décembre 1870.

Monsieur le Rédacteur,

A l'heure même où se terminait une campagne que j'ai été heureux de faire avec vous, un coup terrible était porté à notre projet de transaction. Loin de marcher vers la création d'un pays neutre, nous sommes menacés de voir supprimer un de ceux qui existaient déjà. On me demande si la déclaration du comte de Bismark, relative au Luxembourg, ne ruine pas par sa base cette zone neutralisée dont nous proposions l'achèvement, et qui doit former la garantie principale de la paix en Europe.

Voici ma réponse :

Ce qui est vrai demeure vrai ; ce qui est juste demeure juste ; ce qui est libéral demeure libéral. Si M. de Bismark a agrandi et élargi la porte des guerres au lieu de la fermer, si l'Angleterre prête les mains à la destruction violente d'une neutralité solennellement proclamée, si notre vieux monde trouve bon d'être condamné à la guerre à perpétuité, nous ne pourrons assurément empêcher une pareille catastrophe. Il n'en restera pas moins évident qu'une solution de paix et de liberté a été offerte, qu'elle se trouvait à portée de la main, qu'il n'y avait qu'à la vouloir pour l'avoir.

D'ailleurs on désespère trop vite. Le traité qui stipule la neutralité *perpétuelle* du Luxembourg subsiste encore, grâce au ciel. Quels qu'aient pu être les torts des Luxembourgeois (et il faut réprouver énergiquement cela), nous n'en sommes pas arrivés, je pense, à admettre la théorie du prince Gortschakoff, en vertu de laquelle une puissance vient déclarer un beau jour que tel traité ne l'oblige plus, qu'il n'existe plus pour elle, parce qu'il a subi des violations. En ce qui concerne spécialement les neutres, la théorie serait pleine de menaces et de périls. Quel est le neutre auquel on ne découvrira pas quelque tort, lorsqu'il conviendra à l'un de ses grands voisins de déclarer anéantie sa neutralité perpétuelle ?

Non, je ne parviens pas à me persuader que nous soyons descendus à ce point. Je me prends à espérer au contraire que l'Europe épouvantée et avertie se serrera plus que jamais autour des neutres et ne permettra pas qu'on fasse la paix à leurs dépens.

La zone neutralisée traverse une crise, cela

est certain ; qui sait si elle n'en sortira pas raffermie et complétée ?

L'Europe est mise en demeure de choisir. Ou le règne de la force, ou l'empire du droit ; ou la neutralité, ou la conquête ; ou un avenir de paix, de progrès et de liberté, ou un avenir chargé de tels orages et livré à de telles violences que demain fera regretter aujourd'hui.

Les hommes qui dirigent l'Allemagne ont aussi à choisir. Je crois avoir fait preuve envers eux d'une impartialité qui ne me sera pas pardonnée par tout le monde. Eh bien, je sens qu'en ce moment-ci, une question jusqu'à présent irrésolue va recevoir pour moi sa solution, pour moi et pour beaucoup d'autres. M. de Bismark est-il un grand Allemand ou un petit Prussien ? A-t-il, comme je suis porté à le croire, du génie politique, ou n'a-t-il que de l'habileté ? Travaille-t-il à constituer l'Allemagne pour une magnifique mission conservatrice et pacifique, ou ne met-il son talent qu'au service d'un militarisme ambitieux, remuant, menaçant pour le repos de l'Europe ?

On dirait, à voir sa dernière démarche, qu'il ait voulu battre en brèche l'idée de zone neutralisée qui commence à circuler vaguement. Je n'affirme point qu'il en soit ainsi, et je pense qu'il ne tardera pas à atténuer un procédé dont la violence frappe tous les esprits. S'il en était autrement, nous serions forcés d'admettre qu'il cherche la guerre et non la paix, que la sécurité des frontières allemandes n'est qu'un prétexte, que ce qu'il redoute par-dessus tout, c'est une sécurité réelle, qui serait un obstacle aux guerres futures.

Plaignez les amis de la paix. Nouveaux Sisyphes, ils roulent incessamment le rocher qui retombe sans cesse, et qui peut-être les écrasera quelque jour. Mais n'importe, ils ne se lassent pas, car ce rocher c'est la paix, c'est la liberté, c'est la civilisation, c'est l'avenir. Et puis, pourquoi perdrions-nous courage ? Dieu a-t-il cessé de régner ? S'il met le devoir devant nous, ne peut-il pas nous donner le succès par surcroît? Le sort de Sisyphe n'est pas le nôtre; en dépit de quelques apparences, nous ne sommes pas tout à fait dans l'enfer païen.

Agréez, etc.

A. DE GASPARIN.

L'OBJECTION BANALE

On la rencontre partout : tous les esprits découragés et décourageants (on sait s'ils sont nombreux aujourd'hui !) tous ceux qui voient le côté négatif des choses, qui excellent à découvrir les difficultés, qui abondent toujours en raisons de ne pas espérer et de ne pas agir, tous ceux-là vont répétant : « l'Alsace neutre sera un pays trop faible, le perpétuel jouet de ses puissants voisins. »

Les arguments tranchants ne leur font pas défaut. Passons-les rapidement en revue.

Le temps n'est pas aux neutralités ! — Je

ne suis pas de cet avis ; sur trois petits pays neutres, notre temps en a créé deux. Ni la Belgique neutre, ni le Luxembourg neutre n'existaient il y a quarante ans. L'Europe actuelle a précisément une tendance marquée à chercher dans les neutralités la solution des complications qui la troublent, et les garanties de l'avenir.

Autre cause de faiblesse : le respect des traités s'en va ! — Ce fait, honteux et déplorable, serait-il particulier à la seconde moitié du dix-neuvième siècle ? L'histoire se charge de répondre. Le respect des traités ne gênait beaucoup ni Frédéric II, ni la République française, ni Napoléon. Si nous remontions plus haut, à la guerre de Trente ans, au moyen âge, aux invasions des barbares, aux conquêtes romaines, nous verrions apparaître avec une impudeur croissante le règne de la force qui prime le droit. Aujourd'hui du moins, la violation des traités fait scandale ; les diplomaties trop peu scrupuleuses éprouvent le besoin de se justifier bien ou mal; l'opinion s'inquiète, et parfois s'indigne, à la vue des engagements violés. C'est trop peu, et nous y mettons une insigne mollesse; mais les générations qui ont précédé la nôtre, ont eu sous ce rapport encore moins d'énergie morale que nous; nous sommes en progrès : on l'a bien vu ces jours-ci, lorsque la Russie et la Prusse ont essayé de mettre des traités en pièces, et ont reculé devant l'opinion publique.

L'Alsace neutre sera faible, parce que la garantie européenne sera sans valeur! — On a beau jeu pour tourner en raillerie l'intervention des puissances. Mais ici encore, il faut se reporter au passé, afin d'être juste envers le présent. Dans le passé, les égoïsmes se déployaient sans vergogne. Nous ne sommes ni fort vertueux, ni fort généreux; toutefois le sentiment des devoirs internationaux, l'influence des idées générales, la conscience d'une vie commune de l'Europe, ont pris rang de nos jours. L'opinion publique a son mot à dire dans les grandes affaires; la parole n'est point à la force seule, quoi qu'on dise, et jamais peut-être elle n'a eu à compter autant avec le droit. Les violences ne passent pas inaperçues; il n'en était pas ainsi au siècle dernier, et le partage de la Pologne s'opérait alors assez paisiblement. Je ne serais pas surpris si, par l'effet même de l'horreur qu'excite la guerre de 1870, de la réaction que provoquent des politiques sans scrupules, des remords enfin qu'enfante le spectacle d'une médiation dépourvue de vigueur, on voyait se former en tout pays une vraie ligue des honnêtes gens, décidés à défendre la foi des traités et le respect des petits pays neutres.

L'Alsace neutre n'aura aucune consistance, parce qu'elle restera française de cœur et livrée aux intrigues françaises! — Je l'ai déjà dit, et je crois en outre l'avoir prouvé, c'est l'Alsace conquise et non l'Alsace indépendante qui sera agitée par cet esprit-là. La liberté a en elle une puissance dont on ne tient jamais assez compte. L'Alsace indépendante aimera son indépendance ; elle sera alsacienne et ne sera plus française. Ne le montre-t-elle pas déjà ? Les manifestations qui nous arrivent de ce côté, ne prouvent-elles pas à quel point sera vif le patriotisme alsacien ? Il y a tellement là un pays, une véritable individualité nationale, une vie énergique qui saura se faire respecter, que la création d'une république d'Alsace se présente comme souhaitable en vertu de sa valeur propre, et alors même qu'il ne s'agirait pas de compléter la zone neutralisée. Mais cette zone existe, Dieu merci, et elle nous fournit notre dernière réponse à l'adresse des esprits moroses qui se lamentent sur la faiblesse du nouvel État.

Il sera bien petit, bien mince ; il opposera une barrière bien insuffisante aux ambitions de droite et de gauche ! — Je pourrais rappeler que l'Alsace ne sera pas le plus faible des neutres, tant s'en faut. Sa position entre le Rhin et les Vosges, le caractère indépendant et les qualités militaires de son peuple la rendent capable de résister, assez du moins pour mettre l'Europe en demeure. Mais n'oublions pas sa principale force : elle formera la clef de voûte de la zone neutralisée. Qu'est-ce que cette pauvre petite pierre qu'on appelle la clef de voûte? Elle est bien mince! Elle n'est rien, comparée à la masse qui s'entassera sur elle! Cette masse l'écrasera évidemment! Laissez faire, la petite pierre mince soutiendra tout l'édifice, car elle ferme la voûte.

APPEL AU PATRIOTISME

ET AU BON SENS

LA POLITIQUE FRANÇAISE

DE GUERRE A OUTRAN

La politique de la guerre à outrance a eu cinq mois pour faire ses preuves : elle a régné sans contradiction et sans partage du désastre de Sedan à la capitulation de Paris. En signant cet acte, M. Jules Favre, et avec lui les membres du gouvernement de la défense, ont courageusement inauguré une autre politique. Reste à savoir ce que fera la délégation qui siège à Bordeaux et qui se personnifie dans son fougueux dictateur, M. Gambetta. Par bonheur, l'avenir de la France ne dépend pas uniquement de lui. L'opinion du pays, dont on a jusqu'ici empêché les manifestations, va enfin se faire jour. On affirme (j'en crois à peine mes oreilles) que nous allons avoir des élections, que la France pourra donner son avis sur ses destinées, que nous serons autorisés à prendre la direction de nos affaires, que la voix d'une assemblée nationale se fera entendre à côté des harangues de M. Gambetta et des vociférations des clubs.

Le moment est donc venu de discuter cette politique de la guerre à outrance, qui a disposé souverainement de nous et qui nous a rendu, sous une forme nouvelle, le pouvoir personnel tombé à Sedan. Puisqu'on veut bien nous permettre un retour vers la liberté, profitons-en vite pour examiner les résultats de la politique régnante et pour nous demander s'il ne serait pas temps d'en changer.

Le dossier est complet, nous pouvons juger la politique de Bordeaux d'après ses œuvres. Il ne s'agit pas de discuter les principes; il s'agit d'apprécier des faits aussi clairs que la lumière du jour. Est-il besoin d'ajouter que nous parlons des choses et non des personnes? Si M. Gambetta nous fait l'effet d'un politique dangereux, nous n'avons que du respect pour son dévouement et son courage.

Mais décidément, il a trop lu le *Moniteur* de 1792. Il croit trop qu'on peut improviser des généraux et des soldats, qu'en frappant la terre du pied on peut en faire sortir de vraies armées. Il oublie trop que les armées allemandes du général de Moltke ressemblent peu aux armées du duc de Cobourg. Il est trop convaincu que, pour préparer la victoire, il suffit de chauffer l'enthousiasme, que les beaux discours peuvent suppléer à l'apprentissage militaire et à la discipline, et que l'essentiel, pour expulser l'ennemi, c'est d'entretenir à tout prix la rage patriotique et la confiance dans le succès. De là ce gouvernement à coups de *tamtam*, qui nous fait une si étrange réputation en Europe. De là cette persistance à annoncer et à prédire des victoires, presque toujours suivies de reculs, et qui n'existent que dans les proclamations ou dans les dépêches.

Je me trompe, elles existent aussi dans l'imagination du peuple, assez du moins, pour provoquer après chaque déception nouvelle une explosion de défiance et de colère.

Comment voulez-vous qu'on ne crie pas à la trahison, lorsque nous nous trouvons si souvent à la veille d'un triomphe et au lendemain d'un revers? Il faut qu'il y ait des traîtres, des espions, des lâches! Cela n'est pas naturel, cela n'est pas possible! Nous ne pouvons pas être vaincus, vaincus tout simplement comme les autres peuples de l'Europe l'ont été par nous ! — La politique de la guerre à outrance a entretenu chez nous de telles illusions, elle a si grand besoin d'en créer encore de nouvelles, qu'elle nous livre à une alternative d'espérances et de découragements, de joies et de colères, plus propre que rien au monde à briser nos forces nationales et à nous mener aux abîmes. Pour peu que la France consentît à remettre un jour de plus ses destinées aux mains de la politique qui dispose d'elle depuis cinq mois, nous pourrions dire adieu à toutes nos espérances patriotiques de relèvement et de liberté. Un mois encore de ce gouvernement-là, et nous sommes radicalement perdus.

Voici en effet ses œuvres, et ce que la France lui doit.

C'est quelque chose, j'en conviens, d'avoir fait acte de virilité, d'avoir montré l'énergie nationale prête à tous les sacrifices ; mais n'exagérons rien. Si l'on a vu la France se lever et combattre héroïquement après Sedan, on l'a vue aussi échouer dans ses généreux efforts ; elle a succombé dans son élan national comme elle avait succombé dans ses armées. Nous avons eu de nobles défaites, mais ce sont des défaites. Nous avons eu la belle défense de Paris, mais Paris a capitulé. Nous avons eu les batailles de la Loire et de la Sarthe, mais on a infligé à nos armées un affront que, grâce à Dieu, elle ne connaissaient pas jusqu'ici : des gendarmes marchaient derrière elles pour saisir les fuyards, et la menace des conseils de guerre planait sur la tête des généraux malheureux.

Est-il vrai qu'on ait relevé la France, qu'on lui ait donné une situation meilleure que celle du lendemain de Sedan ? Il faut résoudre cette question par des faits et non par des phrases. Les faits, les voici :

Dans l'espace de cinq mois, la politique de guerre à outrance a trouvé moyen de tripler ou quadrupler le nombre de nos défaites, le nombre de nos départements occupés par l'ennemi. Elle a reculé de Tours à Bordeaux. Elle a perdu la ligne de la Loire, elle a vu échouer, au Nord comme au Sud et à l'Est, les vaillantes tentatives des armées de secours. Elle a jeté en Suisse les troupes désorganisées de Bourbaki. Elle n'est pas parvenue à percer les lignes allemandes devant Paris. Elle a réduit notre brave capitale à la nécessité de se rendre. Il y avait après Sedan cent cinquante mille Français prisonniers de guerre ; il y en a six ou sept cent mille aujourd'hui, en Allemagne, en Belgique, en Suisse, dans Paris même.

Tout cela s'est fait au nom d'une politique bruyante, vantarde, toujours satisfaite d'elle-même, toujours persuadée qu'elle sauve et relève le pays, toujours prête à prophétiser la victoire qu'elle a si habilement préparée. Il est vrai que c'est maintenant la victoire par la défaite : nouvelle formule inventée par M. Gambetta, et qui ne semblera pas à tout le monde aussi rassurante qu'à lui-même.

Comment en sommes-nous venus là ? comment avons-nous accumulé tant de désastres en si peu de mois ? Le double principe de la politique dont je parle suffit à tout expliquer. Ses deux mots d'ordre, ses deux articles de foi sont, d'abord, ne jamais traiter avec l'ennemi ; ensuite, ne jamais consulter la France. Sans le second mot d'ordre, le premier serait compromis, et la France pourrait bien trouver un beau jour, qu'une paix modérée est préférable à cette paix funeste que la guerre à outrance semble avoir pris soin de nous assurer. La France pourrait bien penser que, lorsqu'il n'y a pas de chances raisonnables de succès, il vaut mieux s'arrêter à temps ; faire l'économie de nouveaux désastres, de nouvelles ruines, de nouveaux deuils, et négocier, pendant qu'on peut encore faire prévaloir une transaction au lieu de subir un écrasement.

Comme la France était soupçonnée de penser cela, on l'a traitée ainsi qu'on traite les suspects sous le régime bienheureux des dictatures : on l'a tout simplement bâillonnée, on s'est chargé de penser et de parler pour elle. Ceux qui se sont étonnés quand on a récemment dissous les Conseils généraux, et quand on en a annoncé le remplacement par de simples commissions à la nomination du gouvernement, sont, en vérité, bien naïfs. La politique de la guerre à outrance nous en fera voir d'autres avant peu, si la grande voix de la France ne vient couvrir à temps les clameurs des clubs et dicter ses volontés souveraines à ceux qui dirigeront ses affaires. Ou la France se ressaisira elle-même, ou nous verrons le système qui est en train de la perdre et qui a si fort avancé sa besogne, nous mener décidément au précipice, par le chemin trop connu des servitudes révolutionnaires.

Pendant ces cinq mois, durant lesquels la France a été réduite au silence, le système a eu ses coudées franches pour satisfaire ses amis, criant dans les rues : Point d'élections !

point de paix! — Trois occasions de traiter se sont offertes à lui; on sait ce qu'il en a fait.

Une première occasion s'est présentée après Sedan. Strasbourg, Metz et toutes les places des Vosges tenaient encore; notre gouvernement avait entre les mains un puissant moyen de négociations. Offrir en ce moment-là le rasement des forteresses de l'Est et le paiement des frais de la guerre, c'était prendre une position très forte et placer le roi Guillaume dans l'alternative, ou d'accepter une concession proportionnée à ses succès, ou d'assumer réellement la responsabilité de la guerre. L'opinion de l'Europe nous aurait soutenus. Au lieu de cela, nous sommes allés porter à Ferrières la fameuse formule: « Ni un pouce de notre territoire, ni une pierre de nos forteresses. » — Mis en demeure de se contenter d'une somme d'argent, et de cette satisfaction platonique, qui s'appelle un changement de gouvernement en France, le comte de Bismark s'est vu soustrait aux embarras qu'une offre sé rieuse lui aurait causés.

Après Metz, nouvelle occasion de traiter. La politique de guerre à outrance a écarté la seconde comme la première. On avait déclaré Paris imprenable; on proclamait sous toutes les formes que nos jeunes armées et nos jeunes généraux allaient exterminer tous les Allemands jusqu'au dernier; on se plaisait à dire et à redire que la guerre ne faisait que commencer! Comment aurait-on accepté la pensée d'une négociation véritable? Aussi s'en garda-t-on bien; on se contenta de donner à l'opinion pacifique une satisfaction illusoire, en ouvrant des pourparlers sur l'armistice sans en ouvrir sur la paix, et en réclamant ce que M. de Bismark était décidé à ne point accorder si les bases de la paix n'étaient admises : le ravitaillement de Paris.

Cette fois encore, il eût fallu saisir avec une patriotique audace, l'initiative d'un sacrifice qui pût être pris en considération.

Metz et Strasbourg étaient au pouvoir de l'ennemi, mais Paris n'avait perdu aucun de ses moyens de résistance, l'hiver arrivait, les maladies commençaient à sévir, les communications étaient devenues difficiles et couraient risque d'être menacées, les armées de secours achevaient de se former. Dans de telles circonstances, un gouvernement qui n'eût pas érigé la guerre à outrance en principe, n'eût pas manqué de prendre une initiative dont l'Europe entière lui aurait su gré.

La démolition de nos forteresses n'était plus suffisante, et l'abandon de nos provinces à l'Allemagne étant impossible, un moyen terme s'offrait de lui-même. En renonçant à l'Alsace et à la Lorraine allemande, la France accomplissait un douloureux sacrifice et consentait à un amoindrissement considérable; mais en stipulant pour l'Alsace l'indépendance et la neutralité, la France sauvegardait son honneur, assurait le bonheur du nouvel État, complétait la zone neutralisée, fermait la porte des guerres et fondait dans l'intérêt de tous la garantie de la paix future. Cela valait la peine d'être proposé, cela était digne de la France !

Allons plus loin. Une telle transaction est tellement conforme aux besoins durables de la société européenne, qu'alors même que la politique de la guerre à outrance l'aurait irrémédiablement compromise, cette transaction ne saurait manquer de reparaître et de prévaloir quelque jour, à moins que nous ne soyons entrés dans la crise des convulsions finales d'où l'on ne sort plus.

En tous cas, si le gouvernement français avait hautement proclamé ces tendances politiques, s'il avait hautement annoncé l'intention de faire un tel sacrifice, le monde entier se serait levé pour le soutenir, la médiation aurait trouvé le ferme terrain qui lui a manqué jusqu'ici, et la continuation des hostilités serait devenue pour l'Allemagne une difficulté politique de premier ordre.

Rien n'empêchait d'ailleurs notre gouvernement de s'appuyer, en pareille matière, sur l'assentiment de la nation. Cessant de repousser la paix, il cessait de repousser les élections et la liberté ; une assemblée, même incomplète, réunie à Tours, aurait pu manifester dignement, au nom de la France, la double détermination de résister à la conquête de l'Alsace et de consentir à sa neutralité.

Mais non. Propose-t-on de tels arrangements, quand on est sûr d'expulser l'ennemi ? S'inquiète-t-on de l'avis de la France, quand on professe les hautes doctrines de la démocratie autoritaire ? La souveraineté du but, ne donne-t-elle pas toute licence de mener un peuple où il ne veut pas aller, de le mettre au bon chemin malgré qu'il en ait ? La résurrection du pouvoir personnel n'est-elle pas une arme commode, et qu'importe la liberté lorsque la dictature est nécessaire ? Il faut laisser à Paul Manin ses scrupules timides qui, dans Venise assiégée et en face des canons autrichiens, lui faisait déposer au bout de vingt-quatre heures son autorité dictatoriale, bien qu'elle eût été ratifiée par un peuple entier.

Cependant Paris était au bout de sa ferme résistance, et les trois armées de secours, célébrées l'une après l'autre, avaient succombé l'une après l'autre. Leur impuissance est devenue aussi évidente que leur vaillance. La catastrophe que le plus vulgaire instinct politique aurait dû prévoir dès le 4 septembre, et que le patriotisme le plus élémentaire aurait dû se hâter de prévenir, était devenue inévitable. Le désastre de Paris allait succéder à celui de Metz, comme celui de Metz avait succédé à celui de Sedan.

Que faire? Les deux patriotismes se trouvaient une quatrième fois en présence: celui qui perd la patrie en prononçant de grands mots, et celui qui accepte l'impopularité pour sauver le pays.

Le gouvernement de la défense qui siège à Paris, et M. Jules Favre en particulier ont, eu le courage le plus rare en France, le courage d'envisager la situation de sang-froid, d'en accepter les conséquences, et d'attacher leurs noms à une capitulation douloureuse.

La délégation gouvernementale qui siège à Bordeaux ne paraît pas disposée à marcher dans la même voie. En réponse à l'armistice, M. Gambetta s'est empressé de déployer une fois encore, le drapeau de la guerre à outrance. Nous avons tous lu sa proclamation, qui se termine par ces mots : « Aux armes ! aux armes ! Vive la République, une et indivisible ! »

II

C'est bien de cette République qu'il s'agit; c'est bien au nom des traditions rappelées par cette formule, qu'on prétend renouveler ou continuer la guerre à outrance. Elle se nomme désormais: la guerre du désespoir.

On se prépare purement et simplement à tuer la France. Il lui reste encore quelques jeunes gens; il y a encore quelques provinces non occupées par l'ennemi; elle conserve quelques chances de relèvement et de grandeur. Ce que le comte de Bismark ne pourrait faire, les hommes de la guerre à outrance se chargeront de l'accomplir. Ils nous feront une toute petite France, foulée aux pieds par l'anarchie, ravagée par la guerre civile, dévastée d'un bout à l'autre par la guerre étrangère, asservie enfin par la terreur ; une petite France bien centralisée, bien matée, bien muselée, une France livrée à la commune et aux comités de salut public. Si cette France-là n'est plus la France, si elle rend à jamais exécrables les beaux noms de république et de liberté ; si elle renonce à tout rôle vraiment grand, si elle écarte de nous les sympathies de l'Europe, eh bien ! tant pis ! Nous aurons du moins goûté les charmes du régime qui décrète la victoire ou la mort, et qui désormais nous conduira droit à la mort sans qu'il soit question de victoire.

Il n'y a point de partisans de la paix à tout prix, il y en a de la guerre à tout prix. Voyez leur attitude, depuis que la capitulation de Paris les a placés en face de ces deux calamités qu'ils redoutent par-dessus tout, la paix et les élections. Comme ils prennent leurs précautions contre cette pensée de paix, contre cette délibération sur la paix qu'il faut bien accepter maintenant! Comme ils se hâtent de fausser le décret d'élection et de restreindre la liberté du pays! Comme la délégation de Bordeaux proclame nettement son antagonisme avec le gouvernement de Paris!

Drapeau contre drapeau, politique contre politique, telle est la situation. Par bonheur, ce sera à la France de choisir : elle décidera elle-même, un dictateur ne décidera pas en son nom. Il était temps qu'elle se ressaisît, car son avenir entier est en cause. Je rappelais tout à l'heure ce que nous a coûté la politique de guerre à outrance ; il serait aisé d'annoncer maintenant ce qu'elle nous coûtera, si on lui permet de continuer. Pas n'est besoin d'être prophète pour cela : hier est la prédiction de demain.

Hier, on affirmait carrément qu'en poursuivant la guerre nous ne courrions aucun risque, les conditions de la paix restant les mêmes. On sait maintenant à quoi s'en tenir: les exigences de l'Allemagne ont grandi, les chances de transaction ont diminué. Le plus simple bon sens eût dû le prévoir. En tout cas, les frais de la guerre, les nôtres et ceux que réclamera l'Allemagne, s'accumulent dans d'effrayantes proportions ; vingt-quatre heures de guerre, cela se paye, et se paye cher. Il se peut que ce soit un misérable détail aux yeux de M. Gambetta, mais pour nos pauvres cultivateurs ruinés, qui n'ont plus rien, et qui seront appelés à payer beaucoup, quelques milliards de plus ou de moins ont une certaine importance.

Nous avons la faiblesse, nous, de penser à ce misérable détail : la cote du percepteur apportée dans les chaumières. Bien plus, qu'on nous le pardonne, nous allons jusqu'à faire cas de la vie humaine : à nos yeux, une seule vie est d'un prix immense ; la sacrifier sans motifs suffisants, c'est un crime. Un gouvernement qui prolonge inutilement la guerre, prononce par le fait une longue série de condamnations à mort.

Je sais que cela se fait d'un cœur léger. D'un cœur léger on a déclaré la guerre; d'un cœur léger on l'a poursuivie, écartant les occasions de conclure honorablement la paix; d'un cœur léger on se dispose à la continuer encore, n'ayant plus même l'excuse d'une espérance ou d'une illusion. Que voulez-vous? C'est si peu de chose, la mort des hommes! C'est si peu de chose, la douleur des mères et le deuil éternel des familles!

En voyant passer l'autre jour les tristes débris de l'armée de Bourbaki, tous ces hommes à peine vêtus, mourant de faim, les pieds gelés, ayant l'aspect d'un hôpital en marche, je comprenais mieux que je ne l'avais compris encore, à quel point on nous a payés de phrases et quel triste métier on a fait faire à la France en galvanisant une résistance impossible. Non, il n'y a rien eu d'accidentel dans la suite lugubre de ces catastrophes auxquelles nous avons assisté en frémissant. On devait savoir, on devait prévoir ce qu'on préparait à ces conscrits, à ces mobiles qu'on jetait en hâte dans la fournaise.

Maintenant on doit savoir, on doit prévoir encore mieux vers quelles calamités suprêmes on nous précipiterait en allant chercher d'autres conscrits, en essayant de faire des soldats avec des fusils et des armées avec des décrets, en s'imaginant qu'on ajoute quelque chose à nos chances de succès lorsqu'on grossit notre effectif de cent mille, de deux cent mille, de cinq cent mille hommes. La leçon est bonne, et en ma qualité de Français, je la trouve suffisante. La guerre est devenue assez atroce en se prolongeant ; je ne tiens pas à ce qu'elle devienne tout à fait sauvage. Ce serait un mince profit pour nous de détruire nos dernières chances de paix modérée et de médiation européenne. Si nous ne négocions pas à présent, nous ne négocierons plus, nous subirons. Ce sera décidément la paix écrasante, l'Alsace annexée, la Lorraine suivant l'Alsace, la ligne de la Meuse peut-être. Ce seront des milliards s'ajoutant aux milliards. Ce sera, qui sait? la réalisation de l'impossible, une restauration impériale. Ou, pour en tenir lieu, l'organisation d'une bonne tyrannie révolutionnaire.

Voilà, en partie du moins, ce que nous coûtera désormais la politique de guerre à outrance. Espérons que cette folie et affreuse guerre, dont le suicide de Prévost-Paradol a marqué le début, se terminera au suicide de Bourbaki [1].

Je comptais tout à l'heure l'installation d'un despotisme révolutionnaire, parmi les désastres que la guerre prolongée peut amener. Mais ce qui me fait l'effet d'un désastre, apparaît aux yeux du parti comme une séduisante perspective. Il se console en quelque mesure des malheurs de la France

(1.) Le bruit en était alors généralement répandu.

par le bonheur d'établir ou de maintenir à sa tête les hommes du nivellement.

En vertu d'un sûr instinct, le parti comprend que la France mutilée et misérable peut seule tomber entre ses mains. Tant que la France restera capable d'être un peu libre, tant qu'elle restera capable de vivre, elle ne consentira point à s'abaisser jusque-là. L'unique chance du parti, c'est notre écrasement complet; il lui faut la guerre du désespoir pour fonder le gouvernement du désespoir.

On conçoit telle situation où les désespérés osent seuls se charger des affaires! Les hommes de quelque valeur se récusent, l'administration régulière est devenue impossible. En présence de charges accablantes, vis-à-vis d'un mécontentement croissant, le chemin s'ouvre devant les violents et devant les fous. On peut tout essayer alors: la banqueroute, l'emprunt forcé et le reste.

Ne nous le dissimulons pas, nous sommes au bord d'une crise intérieure dont les désolations risquent de dépasser celles de la guerre. Un élément de prodigieux désordre s'agite au fond de notre société. La menace de la guerre civile a déjà retenti. Ceci ressemble beaucoup à la dissolution, ceci pourrait être la fin de la France ; mais la France ne veut pas finir, et sa grande voix se fera bientôt entendre, je l'espère. Il était temps. Nous avons tous lu les délibérations de Lyon et de Bordeaux. Supprimer toute liberté, châtier, inspirer la terreur, suspendre une menace sur la tête des fonctionnaires comme sur celle des généraux et des soldats, faire taire les dissidences au nom du salut public; à ces traits, on reconnaît le système. Nos généraux en ont senti le poids : la démission d'Aurelles de Paladine et le pistolet de Bourbaki ont répondu. Hier on abolissait notre dernière garantie libérale, l'inamovibilité des magistrats ; aujourd'hui on abolit autant qu'il est possible l'indépendance du choix des électeurs. Élections, magistrature, conseils généraux, tout doit être soumis au régime du bon plaisir.

Heureusement, le drapeau de la liberté a été relevé par le gouvernement de Paris. Je me représente le sentiment de dignité avec lequel M. Jules Favre a dû inscrire dans la convention d'armistice, l'article qui concerne les élections; cet article, c'est la protestation contre la dictature, c'est le retour au régime légal, c'est la représentation nationale chargée désormais de traiter et de résoudre, avec l'autorité qu'elle seule peut avoir, la question de paix ou de guerre; c'est la France remise en possession du gouvernement de ses destinées.

Hélas, les choses ne sont plus entières et la situation est bien compromise; l'assemblée ne sera plus placée pour traiter, comme elle l'eût été il y a deux mois, il y a cinq mois. Mais du moins, il lui restera encore une décision à prendre. Dans le système de la délégation de Bordeaux, elle n'aurait conservé d'autre rôle, lorsqu'on l'aurait convoquée un jour, que de ratifier docilement des faits accomplis, de liquider une banqueroute sociale, de trouver des ressources, de voter des emprunts et des impôts.

Non, parmi les humiliations infligées à mon pays, je n'en connais pas de plus dure que celle-ci : —Nous sommes la France! Nous prenons pour un assentiment ce concours des citoyens qui ne veulent pas se séparer devant l'ennemi! Nous tenons la nation en tutelle! Nous refusons de la consulter sur les questions de vie et de mort! Plus tard, en temps ordinaire, elle pourra régler la question des chemins vicinaux; aujourd'hui, nous ne lui demandons pas si elle veut combattre ou traiter!

Je ne me fais d'illusions ni sur les difficultés, ni sur les inconvénients que présentera une assemblée. Elle commettra peut-être plus d'une faute, elle créera plus d'un embarras. Mais au travers des conflits qui pourront y naître, la pensée vraie du pays finira par se dégager. Cette pensée est pacifique, soyez-en sûr. Je viens de causer avec un grand nombre d'officiers et de soldats de notre armée de l'Est ; presque tous m'ont exprimé un seul désir, la paix.

Lorsque l'assemblée manifestera ce désir à son tour, lorsqu'elle proclamera devant l'Europe l'intention de faire de grands sacrifices et d'offrir une large transaction, sa parole aura un poids que la parole d'un gouvernement provisoire ne pourrait avoir.

En tout cas, elle nous arrachera par sa seule présence à l'absolutisme d'un parti.

Ce parti, qui est à l'œuvre depuis cinq mois, et surtout depuis le jour où le blocus de Paris a livré la France à un éloquent tribun, faisant à nos dépens son apprentissage de stratégiste et d'homme d'État, ce parti aime la république plus que la France et la révolution plus que la république.

On l'a bien vu dès la première heure : à peine l'empire renversé, tous les partisans de la république universelle se sont ralliés à nous du jour au lendemain ; notre cause est devenue excellente; les volontaires sont accourus sous notre drapeau. Ils sont venus pour la république universelle, ils sont venus pour la révolution, non pour la France.

Si la France avait conservé une forme monarchique et si la révolution républicaine s'était opérée en Allemagne, ils auraient tous volé au secours de l'Allemagne, tous combattu contre nous. Ils ne font pas la guerre aux Allemands, ils la font aux rois. Dans la lutte actuelle ils ne voient qu'une chose, la république aux prises avec la monarchie. Encore faut-il bien s'entendre, et toutes les républiques ne leur iraient pas. C'est la république de droit divin, la république de propagande, la république révolutionnaire, la république rouge qui les attire.

Tout le monde a remarqué la couleur des drapeaux qui flottaient l'autre jour à Londres, dans la grande manifestation de Belgrave-Square.

LA POLITIQUE ALLEMANDE

DE GUERRE A OUTRANCE

I

Il y a aussi en Allemagne une politique de guerre à outrance ; elle constitue une des plus grosses difficultés de la situation.

Expliquons-nous nettement. La guerre à outrance n'est voulue en Allemagne ni par la nation, ni même par un parti ; elle figure dans le programme qu'adoptent en ce moment les hommes d'État auxquels l'Allemagne donne sa confiance et qu'elle semble suivre aveuglément.

Sachons être justes, en dépit de nos douleurs. L'Allemagne aurait mieux fait peut-être de s'arrêter après Sedan, mais elle n'y était pas tenue. Continuer à combattre tant qu'aucune proposition de paix sérieuse n'est présentée, combattre jusqu'à ce qu'on offre autre chose que de l'argent, combattre jusqu'à ce que la sécurité des frontières soit conquise, combattre enfin en vue de la paix future, ce n'est pas faire la guerre à outrance.

Je vous dirai où commence celle-ci. Elle commence au point précis où finit la guerre en vue de la paix, et où apparaît la guerre en vue d'une guerre nouvelle.

Que les chefs de l'Allemagne victorieuse s'attachent à protéger leur pays contre les attaques de la France, qu'ils tiennent à supprimer les moyens d'agression accumulés par nous dans notre quadrilatère de l'Est, qu'ils tiennent à nous ôter là notre force offensive en rasant nos forteresses et en nous privant de l'Alsace et des Vosges, qu'ils prennent enfin toutes leurs précautions, prudemment, durement, pour que leur patrie soit désormais en sûreté, cela peut se faire dans un esprit de paix.

On cesse d'agir dans un esprit de paix lorsque, non content de supprimer la force offensive de l'adversaire, on a soin d'organiser sa propre force offensive, de prendre position pour une nouvelle guerre et d'entrer pour ainsi dire en campagne, le jour même où l'on signe le traité de paix.

Les traités de paix doivent se signer comme des traités de paix, non comme des trêves. Avec ce raisonnement, qui consiste à dire que l'adversaire recommencera, il ne faut plus parler de paix ; il ne reste que la guerre, la guerre éternelle, la guerre à outrance. L'adversaire recommencera ! Donc il faut le réduire à l'impuissance ; donc il faut l'écraser. Au point de vue où se place M. de Bismark, réduire la France au rang de puissance de second ordre, c'est à peine assez ; il faut ici, je le répète, l'impuissance absolue et le complet écrasement. Si vous tenez pour certaine une nouvelle guerre, si vous exécutez dès à présent un plan stratégique, je ne vois pas pourquoi vous vous arrêteriez à Metz ; il y aurait peut-être avantage à adopter la ligne de la Meuse. Au point de vue d'une nouvelle guerre, tout est permis, tout est légitime ; mais qu'on ne nous parle plus de paix ! Ce sera une suspension d'armes, un armistice un peu plus long que celui de Versailles. L'Allemagne conserve les points d'où son attaque peut s'opérer le mieux, d'où sa marche sur Paris peut se faire le plus promptement possible ; l'Europe est avertie.

A force de supposer la guerre, on la crée. A force de prévoir ce qui peut arriver, on est certain de faire arriver ce qu'il y a de pis. A force de se prémunir contre une guerre possible, les hommes qui gouvernent l'Allemagne préparent une guerre certaine. Ils la rendent tellement certaine, qu'on ne peut s'empêcher de croire qu'ils la souhaitent et qu'ils en ont besoin.

Cette pensée naît d'elle-même dans les esprits les moins soupçonneux : on ne veut pas la paix, mais la guerre ; on ne se dispose pas à la paix, mais à la guerre ; on ne cherche pas une garantie de paix, mais une garantie de guerre ; des gens qui craindraient surtout l'apaisement et qui tiendraient à conserver, coûte que coûte, le régime militaire, ne s'y prendraient pas autrement.

Quand on pense que le vaincu cherchera avant peu une revanche, on ne se contente pas de l'affaiblir, on l'écrase. Cela seul est logique; c'est le seul moyen de se trouver en mesure le jour où les hostilités, momentanément suspendues, reprendront.

Il existe, qu'on me permette de le dire, une politique plus sûre en même temps que plus généreuse : au lieu de la guerre à outrance provenant de la défiance à outrance, cette politique veut la paix et croit à la paix.

Il faut croire à la paix pour la vouloir. Il faut être animé de l'esprit de paix pour conclure une paix véritable. La paix véritable est la seule qui pacifie ; elle ne se borne pas à désarmer les nations, elle désarme les cœurs. L'Allemagne, j'en suis convaincu, poursuit une paix semblable ; malheur à nous et à elle, si, en raison de la guerre qui peut éclater un jour, on l'empêche de terminer pacifiquement la guerre actuelle ! Malheur à nous et à elle, si nous nous arrangeons maintenant pour demeurer en face les uns des autres sur le qui vive, attendant le signal d'une nouvelle rencontre !

Personne ne peut s'y tromper. Comme il est une paix qui apaise, il en est une qui irrite profondément. Comme il est un arrangement qui, tout en donnant à la frontière allemande un immense accroissement de sécurité, laisse aux sentiments pacifiques pleine liberté de s'exercer en France, il en est une autre qui ne laisse de place chez nous qu'aux passions violentes, aux haines durables, à la soif de vengeance. Autant vaudrait déclarer d'avance cette nouvelle guerre qu'on prédira désormais à coup sûr, et prendre jour pour recommencer, dès que la France aura recouvré quelque force et conclu quelques alliances.

Je serai sincère: la crainte manifestée par le comte de Bismark peut se justifier à première vue. Nous n'avons été que trop querelleurs ; l'Allemagne n'a que trop le droit de se souvenir de nos agressions et de prendre ses précautions pour l'avenir. Les défaites que nous venons de subir ont certainement fait naître dans beaucoup de cœurs un ardent désir de revanche. Tout cela est vrai ; reste à savoir seulement, d'un côté, si une paix modérée ne finirait pas par donner un autre cours au sentiment du peuple français ; d'un autre côté, si, dans l'hypothèse même d'une nouvelle guerre, la paix modérée ne préparerait pas à l'Allemagne une situation dix fois meilleure qu'une paix écrasante.

Je soutiens, quant à moi, que la crainte d'une attaque dirigée par la France contre l'Allemagne est beaucoup moins fondée que ne le feraient supposer les émotions actuelles, et que ne paraît le croire le comte de Bismark.

Le chauvinisme (employons ce mot consacré) a perdu chez nous plus de terrain qu'on ne l'imagine. Nous nous sommes laissés entraîner à la guerre ; mais nous avons aussi résisté à la politique de guerre. Sous les deux monarchies constitutionnelles, cette résistance a prévalu ; il ne serait pas juste de l'oublier. L'esprit conservateur et libéral a livré, sous le roi Louis-Philippe, de rudes batailles à l'esprit chauvin. Parmi nos intelligences éclairées, et aussi dans nos populations rurales, les patriotes à la façon de Béranger sont devenus rares et les gens qui rêvent la frontière du Rhin ne font plus la loi, tant s'en faut.

Que ce changement soit encore incomplet, je l'accorde; certes on est bien forcé d'en convenir, lorsqu'on pense à cette déplorable surprise, à ce triste entraînement que la France subissait il y a sept mois. Nous avons subi, nous n'avons pas protesté ; nous sommes responsables, je ne le conteste point. Toutefois, une intelligence aussi déliée que celle de M. de Bismark doit apercevoir, au travers de nos déviations, le large courant des idées modernes qui envahit aujourd'hui la France aussi bien que les autres pays. La résistance même que rencontre aujourd'hui pour la première fois le droit de conquête, annonce que le vieux patriotisme a fait son temps, que les agrandissements par la guerre deviennent odieux, que les définitions de la gloire et de la grandeur se modifient, qu'enfin des notions nouvelles prennent possession des esprits.

Ou je me trompe fort, ou la guerre actuelle aura contribué, plus que quoi que ce soit au monde, à cette grande transformation. Elle a enfanté des haines et des soifs de vengeance, d'accord ; ajoutons qu'elle a enfanté aussi une horreur profonde et comme un dégoût de la guerre. Pour peu qu'on ne travaille pas à ressusciter l'esprit guerrier tout exprès, en dictant une de ces paix qui ressemble à une provocation; pour peu que l'Allemagne se contente de nous affaiblir ; de mettre ses frontières en sûreté, le courant de l'esprit de paix, un moment suspendu, recommencera d'envahir la France.

L'Allemagne y peut beaucoup ; il dépend d'elle que nous devenions décidément pacifiques. Une grande et magnifique mission lui est en ce moment offerte. Qu'elle donne le signal et l'exemple du désarmement, qu'elle se tourne du côté de la liberté, qu'elle sache convoquer le congrès de la paix à Berlin, qu'elle prenne l'initiative des progrès auxquels tend le XIXe siècle, aussitôt, on verra le mouvement des esprits en France, se détourner des projets de revanche pour se tourner vers le vrai relèvement.

En tout cas, c'est une noble chance à courir. Le succès serait d'autant plus probable que nous aurons forcément le temps de la réflexion. Notre épuisement sera bien grand pendant bien des années; la nécessité de réduire nos dépenses nous permettra bien peu le luxe des préparatifs militaires; les difficultés de nos réorganisations intérieures nous disposeront bien peu à chercher les aventures au dehors. En vérité, l'Allemagne ne rend pas assez justice à ses propres succès, lorsqu'elle se persuade, à l'exemple de son premier ministre, qu'avant peu nous menacerons son territoire. Avec des milliards à payer, avec une transformation militaire à opérer, la France se laissera moins aller aux velléités guerrières qu'elle ne le faisait jadis, riche, confiante en sa supériorité, certaine de la victoire et disposant d'une armée permanente.

Supposons maintenant que l'appréhension dont parle si souvent M. de Bismark vienne à se réaliser : le désir d'une revanche l'a emporté, la France attaque une fois de plus l'Allemagne. Je soutiens qu'en ce cas même et au point de vue de cette nouvelle guerre, l'Allemagne se serait affaiblie et non fortifiée en dictant la paix écrasante dont on parle.

Elle occuperait quelques positions stratégiques plus avantageuses, mais elle aurait compromis sa position politique. Elle aurait enlevé à la France quelques territoires de plus, mais elle lui aurait donné des alliés dans toute l'Europe.

La fortune de la guerre est changeante ; après Rosbach vient Iéna ; après Iéna vient Sedan.

Aujourd'hui moins que jamais, les prépotences militaires ne seront longtemps supportées. Pour s'être munie à l'avance de trop bonnes positions stratégiques, l'Allemagne pourrait bien perdre la bataille. Je plains ce Prince royal qui déteste la guerre, auquel on prépare avec tant de soin une série de guerres et peut-être de désastres, pour le temps où son front aura ceint la lourde couronne impériale.

Le comte de Bismark persistera-t-il? déploiera-t-il, à l'égal de M. Gambetta, le drapeau de la guerre à outrance? S'il le faisait, il aurait pris, reconnaissons-le, le vrai moyen d'avoir raison.

Pour ne pas se tromper en prédisant une guerre nouvelle, rien de tel que de la préparer de ses propres mains.

II

Les hommes d'État de la Prusse peuvent avoir leurs raisons d'agir ainsi : quand on redoute la liberté, tout en lui faisant de profonds saluts, il est assez naturel d'écarter aussi loin que possible cette paix définitive, qui donnerait le signal des embarras intérieurs et des exigences libérales. Mais l'Allemagne n'a pas les mêmes motifs de craindre la paix ; elle la souhaite sincèrement, passionnément ; elle n'a combattu qu'afin de la conquérir ; son ambition s'est toujours loyalement bornée à obtenir la sécurité de ses frontières. D'où vient donc qu'elle préfère, à la paix modérée qui durera, la paix écrasante qui ne peut durer ?

A cette question on a coutume de faire, en son nom, une seule réponse : Nous sommes décidés, nous sommes unanimes, nous voulons !

On pourrait ajouter : Nous sommes les plus forts ! Ce style de vainqueurs, que nous comprenons peut-être mal en notre qualité de vaincus, nous cause toujours une pénible surprise. Nous n'en revenons pas, lorsque nous lisons cette phrase stéréotypée, qu'on retrouve dans toutes les correspondances de Berlin : « Il est inutile qu'on nous parle de transaction et en particulier de l'Alsace neutre, notre parti est pris ; nous voulons l'annexion de l'Alsace et de la Lorraine, nous la voulons tous et nous ne changerons pas. »

Il fut un temps où ce langage eût été parfaitement admis : Je suis le plus fort, je dicte la loi, et si je me trompe à mon détriment, cela me regarde ! Mais ce bon temps est passé ; nous vivons dans un siècle discuteur et mal élevé qui examine tout, même les volontés hautement signifiées des victorieux. Dans ce misérable XIXe siècle, qui n'a de respect pour personne, il ne suffit pas d'être le plus fort, il n'y a pas de mal à avoir aussi quelque peu raison. L'Allemagne s'en est aperçue et en a profité, lorsque nous avons eu le tort de lui déclarer la guerre ; l'Allemagne s'en apercevra et en souffrira, si elle a le tort d'exiger une paix telle, que de nouvelles guerres doivent en sortir.

L'opinion européenne a l'impertinence de se mêler de la négociation ; elle soutient que tout pays, même vainqueur, a des devoirs envers la civilisation et envers l'Europe. Elle a soif de paix réelle et durable. La trêve rêvée par M. de Bismark ne lui sourit pas. Elle sait à merveille que la France était partie pour conquérir et ne s'indigne pas beaucoup qu'on veuille lui appliquer le droit de conquête ; mais elle s'inquiète de ce petit détail : la tranquillité du monde. Il lui faut une paix qui apaise, une paix qui pacifie, une paix qui désarme, une paix qui nous permette de vivre sans redouter de voir reparaître demain, après-demain ou le jour suivant, les manifestes de guerre et les bulletins. Tant qu'une paix semblable sera possible, l'opinion européenne demandera compte à l'Allemagne du *veto* qu'elle lui oppose ; il faudra que l'Allemagne dise ses raisons : proclamer ses volontés, ce n'est pas assez.

Mais l'Allemagne a daigné quelquefois dire ses raisons. Mise en demeure de se prononcer sur l'arrangement qui se présente le plus naturellement à l'esprit de tout le monde, sur la création d'une Alsace indépendante et neutre, elle a bien voulu nous faire connaître ses objections à ce projet.

Nous avons appris par le *Times*, que le *Moniteur* de Versailles, qui le discutait il y a quelques semaines, l'a repoussé en se plaçant au point de vue pratique. Selon l'organe du gouvernement prussien, le nouvel État serait dépourvu de forces; sa neutralité prétendue ne donnerait aucune sécurité à la frontière allemande.

Je ne répondrai pas en citant la note du 8 août 1866, présentée par M. Drouyn de L'Huys à l'empereur Napoléon III. Il proposait, comme on sait, la formation d'une zone neutralisée destinée à assurer la paix, en séparant définitivement la France de l'Allemagne. A la vérité, il complétait cette zone aux dépens de l'Allemagne, y mettant la Prusse rhénane et la Bavière rhénane, tandis que la zone neutralisée qu'on propose aujourd'hui doit se compléter aux dépens de la France, en créant une Alsace indépendante. Mais ce n'est pas là sans doute ce qui déplaît à M. de Bismark.

Selon les défenseurs officieux de sa politique, c'est ne rien faire que de proclamer une neutralité! D'accord, si cette neutralité est séparée de l'indépendance. L'Alsace déclarée neutre et restant française, n'offre à la sécurité de l'Allemagne aucune garantie suffisante, j'en conviens. Il en est tout autrement de l'Alsace appelée à vivre de sa propre vie, à prendre possession de sa liberté et à gouverner ses affaires.

On ne se représente pas assez ce que vaut l'indépendance. Dans les petits pays en particulier, le patriotisme local se développe avec une vivacité singulière. J'ai pu juger, par l'accueil que recevait en Alsace la perspective de son indépendance (avant que des conseillers pleins de prudence eussent amorti le mouvement) la vigueur avec laquelle le nouvel État, une fois en possession de lui-même, se ferait respecter à droite et à gauche.

L'Alsace a des traditions de liberté; l'Alsace a des mœurs militaires; par ces côtés elle ressemble à la Suisse. Sa position, sans être aussi forte, offre des moyens réels de défense, et si les Vosges ne sont pas les Alpes, elles ont pourtant leur valeur.

Ce qu'on attend des petits États neutres interposés entre les grands États, ce n'est pas qu'ils puissent résister à ceux-ci, c'est qu'ils aient assez de force pour se défendre, pour donner l'alarme en Europe et pour crier au secours. Plus faible que la Suisse, plus forte que le Luxembourg, l'Alsace offrirait à la garantie européenne le terrain dont elle a besoin pour y prendre pied.

La garantie européenne est quelque chose, et j'ai le sentiment que, si l'Europe ne sombre pas dans la crise actuelle, cette garantie acquerra bientôt une très grande valeur. Voyez déjà ce qui s'est passé pour le Luxembourg : la note du comte de Bismark était évidemment un ballon d'essai ; il tâtait l'opinion publique, il mettait en demeure la garantie européenne. Hé bien ! il a fallu reculer : la menace s'est transformée en un avertissement presque amical.— Il n'est pas si facile de toucher aux neutres.

De tous les neutres, l'Alsace serait le mieux gardé. Si la Belgique est forte parce qu'une grande puissance s'intéresse à elle, que dirons-nous de l'Alsace à laquelle toutes les grandes puissances s'intéresseront.

Notez d'ailleurs que, la zone des neutralités une fois complétée, la solidarité et en quelque sorte l'alliance des neutres naîtront d'elles-mêmes. Unis entre eux par un intérêt commun et sans qu'il soit besoin de traiter, sentant bien que leur cause est identique, puisant tous une force nouvelle dans l'institution de la zone neutralisée, ils formeront en réalité une grande puissance, et la plus respectée, et la plus inattaquable de toutes, car le premier pays qui essayerait d'y pénétrer, que ce fût la France ou l'Allemagne, mettrait en péril la paix du monde et soulèverait une tempête d'indignation.

Un journal de Berlin me reprochait l'autre jour de n'offrir à l'Allemagne qu'une satisfaction idéale.

Ce dédain de l'idéal peut sembler étrange dans la patrie de l'idéalisme transcendantal.

Pour ma part, je me contenterai de faire remarquer que la satisfaction offerte est parfaitement palpable et matérielle. Elle l'est tellement, que beaucoup de Français se révoltent à la pensée d'un si énorme sacrifice. C'est au reste le sort de toute transaction, d'être trouvée beaucoup trop large par ceux qui donnent, beaucoup trop étroite par ceux qui reçoivent. Aux yeux de ceux-ci, toute concession qui reste en deçà de leurs exigences paraît illusoire, et, pour employer le langage de mon contradicteur : idéale.

J'aurais bien envie de lui dire qu'un profit idéal, à supposer qu'il n'y eût que celui-là, ne serait point à mépriser. L'Allemagne n'aurait-elle rien gagné si, en rasant nos forteresses, en nous ôtant une grande province et en plaçant un pays neutre devant ses frontières, elle répondait d'un seul coup à toutes les accusations dirigées contre elle? Personne n'oserait plus parler ni de son ambition ni de son esprit de conquête. On la verrait, fidèle à sa parole, borner les fruits de la guerre à la conquête de la paix. En conquérant la paix, elle conquerrait l'influence ; or, l'influence ainsi obtenue et consacrée par l'opinion européenne, ne serait pas, je le suppose, une satisfaction exclusivement idéale.

J'ai répondu d'avance à une autre objection, ou plutôt à une autre forme de la même objection, que nous rencontrons partout : L'Alsace deviendra française !

C'est une étrange manière de prévenir un tel danger que d'annoncer et de préparer la guerre à courte échéance, de dire à la France et aussi à l'Alsace : Ceci est provisoire ; tout se décidera dans une nouvelle lutte, dont nul ne peut prévoir ni les conditions ni les proportions !

Il n'y a qu'un moyen, selon moi, d'échapper à l'éventualité dont l'Allemagne se préoccupe : entrer dans le définitif ; conclure une paix qui soit une paix et non une trêve. Ainsi l'Alsace aura le temps de prendre possession d'elle-même, de s'habituer à son indépendance. Le temps est un grand maître; malheur à nous tous, si nous prétendons nous en passer! Avec le temps, les excitations se calment, les situations se fixent, les directions nouvelles se prennent. Laissez passer dix années seulement, et l'Alsace indépendante aimera son indépendance, et l'Alsace heureuse aimera son bonheur. Je ne dis pas qu'elle en jouira en égoïste, qu'elle se félicitera d'échapper aux misères de plus d'un genre qui nous attendent évidemment; je dis qu'elle aimera sa liberté, sans cesser d'aimer la France. N'est-ce rien, que de rester sur sa frontière, sentinelle vigilante, protégeant par le fait les départements de l'Est! Puisque l'Allemagne est devenue la grande puissance militaire, l'Alsace libre ne sera pas inutile à la France, en empêchant toute attaque allemande contre une région désormais privée de forteresses.

Dévoilerai-je toute ma pensée? Loin de craindre que l'Alsace neutre manque de consistance, les chefs politiques de l'Allemagne craignent peut-être qu'elle n'en ait trop : cette neutralité trop réelle les offusque d'avance. N'avons-nous pas vu combien le Luxembourg les gênait? Une zone complète de neutralité, une barrière ininterrompue, ce serait bien plus gênant encore, et la politique allemande de guerre à outrance s'en accommoderait mal.

Je ne sais, en vérité, si je dois m'arrêter à une dernière objection dont on a fait grand bruit, et qui n'en est pas plus sérieuse pour cela. — La création d'une république aux bords du Rhin, inquiéterait l'Empire allemand !

Je doute fort que le comte de Bismark s'en inquiète. Il n'est pas homme à se laisser duper par les mots. Le mot de république peut signifier anarchie et propagande révolutionnaire ; il peut signifier liberté paisible et respect du droit. Les petites républiques en particulier ont volontiers ce caractère, et la Suisse est un voisin plus tranquille que ne l'ont été depuis quelque temps la plupart des monarchies. Avoir sur sa frontière une autre république bien ordonnée, ce ne serait pas un motif d'inquiétude, mais un motif de sécurité.

L'Alsace n'en serait pas à ses débuts ; sans parler de Strasbourg, les honnêtes traditions de la république de Mulhouse se sont conservées jusque vers la fin du siècle dernier.

La petite république, dit-on, sera facilement absorbée par la grande ! — Ceux qui affectent de redouter cela, ne sont pas les derniers à prédire que les jours de la grande République sont comptés. Durera-t-elle ? Je n'en sais rien. Mais ce que je sais, c'est qu'elle ne durera qu'à la condition d'être libérale, décentralisée, ménagère des deniers publics, vouée à la politique de paix, et par conséquent, décidée à n'absorber aucun de ses voisins. La république qui peut durer chez nous, sera celle qui aimera et respectera sa jeune sœur, la République d'Alsace.

III

La politique de guerre à outrance est en train de ruiner deux grands pays. L'œuvre est plus avancée en France, mais elle se prépare en Allemagne : le même arbre portera les mêmes fruits, à l'orient et à l'occident du Rhin.

Je laisse de côté les ruines matérielles, bien que les symptômes d'épuisement se manifestent partout.

Nos misères françaises dépassent de loin les misères allemandes.

Cela est vrai aujourd'hui, cela sera-t-il vrai demain ? La politique allemande de guerre à outrance n'est encore qu'à l'état de projet ; si elle se réalise, ses conséquences ne tarderont pas à se produire. Il y a déjà en Alsace des hommes prévoyants qui, dans eur haine de l'Allemagne, font des vœux pour l'annexion, parce que l'annexion leur représente la guerre, et parce que la guerre leur permet d'espérer des complications européennes au sein desquelles pourra bien sombrer la fortune naissante de l'Allemagne. Celle-ci se détourne avec dédain, lorsque nous lui parlons de l'Alsace neutre ; elle nous déclare qu'elle ne se contenterait pas de si peu ! — C'est dans le système de la conquête, qu'elle se contentera de peu. On n'aura jamais été plus modeste ; on n'aura jamais refusé aussi légèrement un grand rôle et une magnifique mission.

Sous prétexte d'assurer la sécurité de l'avenir, on aura entraîné l'Allemagne à sacrifier cette sécurité. Elle pourrait faire une noble paix, briser l'instrument des attaques futures, maintenir ou rétablir sa bonne renommée, se placer en tête du progrès européen, saisir la vraie influence et la grande direction, garantir la tranquillité de l'Europe, organiser sa puissante unité, échapper au militarisme et parvenir au libéralisme, cesser d'être la Prusse et devenir l'Allemagne. Ceux qui l'empêchent de marcher vers cet avenir savent ce qu'ils font : Il leur faut le mal de la guerre, pour empêcher le mal de la liberté.

Que l'Allemagne ne vienne pas se plaindre un jour, lorsque la politique de guerre à outrance aura produit chez elle les résultats amers qu'elle produit chez nous ! Que les Allemands amis de la paix ne se plaignent pas alors, de voir cette paix désirée reculer sans cesse devant eux ! Que les Allemands amis de la liberté ne se plaignent pas alors, de voir la liberté incessamment remplacée par l'état de siège ! Que les Allemands amis de la grandeur nationale ne se plaignent pas alors, de voir cette grandeur s'écrouler sous quelque coalition européenne ! Que les Allemands amis des lumières ne se plaignent pas alors, de voir la pensée s'effacer devant la force !

C'est à l'opinion que je m'adresse en Allemagne; c'est au nom de l'opinion que je lui parle. Ce débat-ci ne passe point par les chancelleries. Nous sommes dans la région des idées, nous discutons des questions de justice et de vérité.

Je sais bien qu'à certaines heures ces mots, justice et vérité, semblent n'avoir plus de sens ; on ne parle que de la force et de la victoire. Mais qu'on y prenne garde, la force est bien faible en définitive, quand elle demeure seule. Il lui faut un allié, l'opinion ; par où je veux dire la conscience publique.

L'Allemagne aurait grand tort de dédaigner l'opinion. Dans ce dédain, il y aurait beaucoup d'ingratitude. L'opinion a été son meilleur appui dans la guerre actuelle : sans cette artillerie-là, elle n'aurait pas triomphé.

Or l'opinion lui donne, aujourd'hui même, un avertissement dont elle fera sagement de profiter. D'un bout à l'autre de l'Europe, le langage des journaux est devenu hostile, et ce langage exprime avec exactitude le sentiment des populations. — Ce qu'on pense, le voici :

On pense que l'Allemagne a été injustement attaquée, qu'elle a bien fait de se défendre; qu'en répondant à une invasion projetée par une invasion effectuée, elle a usé de son droit; qu'en continuant la guerre lorsqu'on ne lui offrait rien de sérieux, elle a agi comme tout autre peuple eût agi à sa place. Mais, à l'heure qu'il est, on s'inquiète et l'on s'irrite; on croit voir se déployer chez elle le drapeau de la guerre à outrance; on craint de la voir entraînée à repousser les offres sérieuses, comme elle a repoussé les offres dérisoires.

L'opinion de l'Europe veut la paix; elle la veut absolument. A ses yeux, l'armistice est une promesse de paix; maintenant que le sang a cessé de couler, elle n'admet pas qu'il puisse couler de nouveau. Si l'armistice n'aboutit point à la paix, la guerre recommencée fera l'effet d'une guerre nouvelle. Qui que ce soit, France ou Allemagne, celui des deux peuples qui aura refusé de traiter, celui des deux qui aura repoussé une transaction honorable, celui-là aura déclaré la guerre, la guerre impie, la guerre impardonnable, la guerre de 1871.

Ce jour-là, lorsque cette immense déception sera certaine, lorsqu'on verra que l'armistice ne conduit pas à la paix : si toute concession a été refusée par l'Allemagne, si l'Allemagne a rejeté tout moyen terme pacifique proposé par les médiateurs, le cri de l'indignation universelle montera de la terre. Plus tard, à son heure, le châtiment descendra du ciel.

LA POLITIQUE DE LA PAIX

I

Je n'aurai pas la fatuité de dire : La politique de paix, c'est la mienne. Si j'avais inventé quelque chose, si la République neutre d'Alsace n'était pas une de ces solutions naturelles et simples, auxquelles tout le monde pense et que personne ne découvre, je ne me méprendrais pas assez sur mon rôle, pour me poser en sauveur de la paix.

Mais on n'invente rien en politique. Les solutions ingénieuses sont toujours des solutions absurdes; elles valent tout juste ce que valent les constitutions ingénieuses : les chefs-d'œuvre de mécanique constitutionnelle, soigneusement construits et mis en équilibre par un Sieyès. Il n'y a de viable que ce qui ressort aisément des faits ; ce qui se voit d'emblée, sans aucun effort de génie; ce qui saute aux yeux en quelque sorte; ce que personne par conséquent n'a pu inventer.

Tel est le caractère du projet que j'ai exposé, du projet que je viens de défendre aujourd'hui, avec une conviction qui n'a fait que s'affermir. Il a un mérite qui peut tenir lieu de beaucoup d'autres : il est seul au monde; en dehors de lui, nous retombons forcément dans la guerre à outrance allemande ou française, allemande et française peut-être. L'Alsace indépendante et neutre marque la limite exacte en deçà de laquelle l'Allemagne n'obtient pas la sécurité de ses frontières, au delà de laquelle le traité de paix ne sera accepté par la France, qu'en attendant le jour où elle se verra en mesure de le rompre. Dépassez cette limite, vous arrivez à l'écrasement ; n'atteignez pas cette limite, vous refusez aux Allemands un avantage proportionné à leurs sacrifices et à leurs succès.

Rien de facile comme de bâcler des traités de paix; les combinaisons varient à l'infini. Reste à savoir si l'on en trouvera une, je dis une, qui remplisse comme celle-ci la double condition d'une paix réelle : suppression des forces agressives de la France sur le Rhin, suppression de toute application du droit de conquête.—Il existe deux politiques de guerre, il n'existe qu'une politique de paix. Je me suis attaché à étudier loyalement les projets d'arrangement qui ont surgi de divers côtés ; aucun, je le déclare, ne remplit cette double condition que j'indiquais tout à l'heure.

On parle de borner nos conditions au rasement des forteresses et à l'indemnité de guerre. L'Allemagne est en droit de nous demander si, dans sa situation, nous prendrions de telles offres au sérieux. Elle n'a pas besoin de notre consentement pour raser nos forteresses, qui sont dans ses mains; le seul avantage que nous lui accorderions en traitant sur cette base (et cet avantage a bien son prix sans doute), c'est l'engagement de ne pas bâtir dans la zone fixée par le traité. Nous aurions beau ajouter à cela une montagne de billets de banque, cela ne saurait évidemment suffire, dans la situation où la politique de guerre à outrance nous a mis.

On a parlé aussi de neutraliser l'Alsace, en la laissant française! Mais qui donc a pu croire au succès possible d'une telle proposition? Quelle garantie donne-t-elle à l'Allemagne? C'est, au fond, la reproduction pure et simple du projet précédent. Nous n'accordons quoi que ce soit en dehors du rasement des forteresses. L'Alsace, gouvernée par la France, a beau ne pas recevoir sur son sol des troupes françaises, il est clair qu'elle en sera inondée au premier signe de guerre. Il n'y aura, pour empêcher ce fait, ni l'existence d'un peuple libre, jaloux de son indépendance et responsable de ses actes, ni l'existence d'une zone neutralisée, sur laquelle veille l'Europe comme sur une de ses institutions les plus précieuses, comme sur sa meilleure garantie de paix.

Faut-il parler d'un autre projet, beaucoup trop habile pour réussir? D'un projet qui ne tendrait à rien moins, dit-on, qu'à nous donner la Belgique en compensation de l'Alsace? —J'avoue, en ce qui me concerne, qu'autant je suis disposé à faire un très grand sacrifice en acceptant l'indépendance de l'Alsace, autant je me révolte contre la pensée de trafiquer aux dépens de nos compatriotes alsaciens, et de les livrer à l'Allemagne, pourvu qu'on nous fournisse un équivalent. Le droit de conquête est brutal, le droit d'échange et de vente est ignoble. L'opération s'accomplirait en conférant au roi des Belges la couronne de France; le roi des

Belges nous apporterait la Belgique ; celle-ci se laisserait faire ; l'Angleterre se résignerait à voir aux mains de la France Anvers et les bouches de l'Escaut ; enfin, le comte de Bismark trouverait bon que les victoires allemandes eussent pour résultat l'agrandissement de la France ! Cela ne supporte pas l'examen. — D'autres combinaisons paraissent avoir vu le jour, les unes à Londres, les autres à Vienne. Afin d'éviter l'annexion de l'Alsace et de la Lorraine, on n'a rien trouvé de mieux que d'arranger d'autres annexions et de se procurer un peu partout la monnaie des deux provinces. On n'eût pas mieux fait au bon temps du congrès de Vienne, quand on remaniait si lestement les territoires, rognant ici, ajoutant là, enlevant deux cent mille âmes à tel prince, adjugeant cinq cent mille âmes à tel autre. — L'Allemagne ne prendra plus l'Alsace entière, elle n'en gardera qu'un morceau. On la consolera, en lui abandonnant le Luxembourg. Loin de fonder une neutralité nouvelle, on immolera une des neutralités existantes. Loin de fermer la porte des guerres,on s'attachera ingénieusement à l'élargir. On sacrifiera aujourd'hui, et l'on s'apercevra en fin de compte, qu'aujourd'hui n'est pas mieux sauvé que demain.

On ne résiste pas au droit de conquête, en le pratiquant à moitié. Il faut une solution libérale pour exclure la solution féodale.

J'ai d'ailleurs une remarque à faire sur tous ces projets. Leur prétention commune est de nous préserver, presque entièrement, des sacrifices que nous impose notre situation; or il est dangereux en général, et très dangereux vis-à-vis d'un adversaire aussi clairvoyant que M. de Bismark, de ruser avec une situation. La grande habileté politique, c'est de voir les situations telles qu'elles sont, c'est d'en accepter nettement les conséquences. Sachons faire la part du feu; ne nous figurons pas que nous sortirons d'une telle guerre sans subir un amoindrissement. Si nous refusons de nous résigner à l'Alsace neutre, nous verrons l'Alsace conquise : si nous n'offrons rien, on nous prendra tout.

Pour tenir un pareil langage, il faut être convaincu, comme je le suis, de la vanité des espérances dont on ose encore nous bercer. Dès le lendemain de Sedan, j'ai senti que la question militaire était vidée : nous avions succombé. Ce n'est point une honte ; d'autres nations glorieuses ont passé par là.

Il ne s'agit pas de faire la grosse voix, de s'indigner contre les Français assez mauvais patriotes pour proposer une transaction ; il ne s'agit pas de nous démontrer, à grand renfort de phrases sonores, que nous devons souhaiter très vivement la conservation de l'Alsace. Sur ce point-là nous sommes tous d'accord, je suppose, et les longs raisonnements sont hors de saison.

Il vaut mieux garder l'Alsace que de la perdre, l'Alsace aime mieux rester avec la France que de s'en séparer ; la belle découverte ! Il y a eu aussi des blessés dans nos ambulances, qui aimaient mieux conserver leur bras que de le perdre, et qui, pour sauver leur vie, ont dû subir l'amputation. La seule question sérieuse a été, est celle-ci: L'amputation est-elle nécessaire?

Un de mes contradicteurs les plus habiles, M. Paul Marin, dans sa lettre écrite de Bulle et insérée dans le *Journal de Genève*, l'a parfaitement compris, catégoriquement déclaré. Voici ses propres paroles :

« Et cependant, Monsieur, vous avez raison de dire que ce ne serait pas pour nous, si l'Alsace doit cesser d'être française, une mince consolation de n'être pas faits Prussiens. Le jour où il n'y aurait plus qu'à opter, vous me trouveriez aussi ardent à souhaiter le succès de vos vœux que vous-même, ou que je puis l'être aujourd'hui à les repousser encore. Vous voyez ce jour venu, je me flatte qu'il ne doit jamais venir ; voilà, Monsieur, toute la différence entre nous. »

Quelques personnes se sont étonnées de ce que je n'opposais aucune réponse à une telle critique. Ne pas répondre, c'était me placer précisément sur le terrain indiqué par M. Marin : sur le terrain des faits. Les faits seuls pouvaient décider entre nous ; il convenait de les charger de répondre, et je n'étais que trop sûr, hélas, qu'ils s'en acquitteraient.

Le système entier de la guerre à outrance a toujours reposé sur une supposition : la guerre à outrance devait réussir ! Otez cette pierre angulaire, tout s'écroule. Pour demander à la France tant de sacrifices, pour rejeter les occasions de la consulter, pour repousser celles de négocier la paix et de rallier l'opinion européenne à une douloureuse mais honorable transaction, il fallait avoir foi au triomphe définitif.

Force est d'admettre, puisque cela est, que bien des gens y ont réellement cru.

Quand nous n'avions plus d'argent, on a réellement cru que les levées en masse pourraient en tenir lieu. A force de succès fantastiques, de promesses enthousiastes et de proclamations à effet, nous sommes parvenus à nous tromper nous-mêmes. Il est possible que ces illusions aient un côté respectable, bien que la vérité vaille toujours mieux que l'illusion ; bien que les mœurs viriles, ne se forment que sous le régime de la vérité. Mais je me permettrai de faire une remarque. Un peu d'instinct politique n'est pas de trop, lorsqu'on se mêle de diriger les destinées d'un grand peuple ; en pareil cas il ne suffit pas de voir, il faut voir à temps, c'est-à-dire prévoir.

La politique de la guerre à outrance n'a rien prévu ; ou si vous aimez mieux, elle a prévu le contraire de ce qui est arrivé, de ce qui devait arriver. On peut dire qu'en France, cette erreur capitale et fatale s'explique par une sorte de détermination volontaire : on a cru ce qu'on voulait croire ; on s'est trompé parce qu'on voulait se tromper; il nous en coûtait trop de nous reconnaître vaincus. Je m'explique moins bien, et les encouragements donnés du dehors à la guerre à outrance, et les promesses de victoire ue des publicistes étrangers lui ont prodiguées, nous détournant ainsi de négocier en temps opportun.

L'amour a, dit-on, un bandeau; la haine en a deux. Sous l'empire des passions haineuses qui ne leur laissent plus la faculté de réfléchir, certains hommes n'ont cessé depuis cinq mois de travailler pour l'ennemi. Ils ont si bien repoussé la paix modérée, qu'ils nous mènent à la paix écrasante; ils nous ont reproché à si grands cris de proposer l'Alsace neutre, qu'ils ont préparé, peut-être, l'Alsace conquise.—M. de Bismark doit les bénir.

L'Alsace a eu des patriotes *intelligents* qui, lorsque l'opinion alsacienne allait se prononcer en faveur de la neutralité, lorsque M. Charles Dollfus donnait le signal, se sont hâtés d'arrêter le mouvement, et d'empêcher une manifestation qui aurait eu un poids considérable aux yeux de l'Europe.

La France a eu des patriotes *intelligents* qui, lorsque nos armées étaient anéanties, se sont plu à imaginer que les levées en masse rempliraient les cadres, qu'en appelant les hommes de trente ans, de trente-cinq ou de quarante, qu'en additionnant par cent mille, ces hommes sur le papier, nous mettrions les Allemands dans un très grand embarras. L'Allemagne doit beaucoup à ces patriotes. Ils ont bravement injurié ceux qui protestaient contre la déclaration de guerre, et la guerre qu'ils ont acclamée vient d'achever l'unité allemande, d'unir le Sud au Nord, de fonder le nouvel empire. Ils n'ont pas voulu qu'on offrît le rasement des forteresses après Sedan, et l'Allemagne leur doit la prise de Metz. Elle leur doit bien autre chose : en empêchant toute négociation, en déclarant suspecte toute idée de transaction, ils ont préparé la capitulation de Paris.

Pour peu qu'ils continuent à déployer la même intelligence politique, l'espérance d'une Alsace neutre achèvera de disparaître : ils nous feront une Alsace allemande, et une Lorraine allemande par-dessus le marché.

Nos forteresses resteront debout, mais aux mains de la Prusse ; le comte de Moltke mettra garnison dans Strasbourg, dans Metz, dans Belfort, dans toutes les places des Vosges. Le quadrilatère ne sera pas supprimé, il sera occupé par l'ennemi.

Je respecte ce qu'il y a de sincère dans ce patriotisme égaré, qui vient de faire tant de mal au pays ; je déteste ce qu'il y a de déclamatoire. Depuis qu'on nous fait tant de mal avec les phrases, l'horreur des phrases me saisit. Je ne puis dire quel dégoût m'inspire ce genre théâtral, qui pose toujours pour la postérité, qui est toujours en scène, qui pense à l'effet, qui se consolerait, Dieu me pardonne, des calamités du pays, par cette seule pensée que l'univers nous contemple et nous admire. La France possède assez de vigueur réelle, elle a assez fait ses preuves depuis longtemps, pour avoir le droit de se détourner avec dédain de cette postérité du capitaine Fracasse qui fait tant de bruit et si peu de besogne. Il est très facile d'enfler sa voix, de déclarer la France invincible, Paris imprenable ; il est très facile de dénoncer comme traîtres, et qui sait ? comme lâches, les hommes qui, après avoir combattu la guerre en juillet, ont combattu la prolongation de la guerre depuis septembre. Cela est plus facile que de résister aux courants.

Des adversaires ou des partisans de la guerre à outrance, je sais bien lesquels sont le plus agréables à M. de Bismark. Il se sent fort peu de colère, soyez-en certain, contre ceux qui ont fait ses affaires, tantôt en criant : à Berlin ! tantôt en proclamant la victoire par la défaite. Ceux qui lui déplaisent, ce sont les hommes qui aiment assez la France pour lui dire la vérité; qui demandent que la paix soit prompte, afin qu'elle puisse être modérée; qui veulent qu'on fasse une offre sérieuse et que l'on consente à un sacrifice considérable, afin d'écarter l'application du droit de conquête; qui cherchent à placer aux mains des puissances médiatrices, un projet de transaction propre à fonder une paix solide.

M. de Bismark, s'il est tel qu'on le suppose, doit faire des vœux incessants en faveur de ceux qui parlent à tout propos de leur rage patriotique, et qu'on me permettra bien, en conséquence, d'appeler nos enragés. Au reste, les enragés d'Allemagne s'entendent à merveille avec eux. Pour les uns et pour les autres, le grand ennemi c'est une idée modérée, quelle qu'elle soit : « Plutôt l'Alsace allemande qu'indépendante ! »

disent ceux-ci, espérant selon l'usage, que le bien sortira de l'excès du mal. « Plutôt l'Alsace française qu'indépendante, » répliquent ceux-là. Pour eux, comme je l'ai déjà rappelé, leur siège est fait : l'annexion des deux provinces est chose arrêtée; ils ont toujours voulu cela, ils le voudront toujours. Peut-être n'ont-ils pas l'ombre d'un motif raisonnable à faire valoir, mais cela ne regarde personne. Si l'Europe inquiète essayait de peser leurs prétentions, ils jeteraient leur lourde épée dans l'un des plateaux de la balance: le glaive de Brennus est dans leurs mains.

Quant à moi, dussé-je être presque seul à lutter pour l'Alsace indépendante contre l'Alsace conquise, ainsi que j'ai été presque seul à lutter contre une criminelle déclaration de guerre, je me féliciterai d'avoir pu donner encore cette preuve de mon dévouement à la France.

Mais je ne serai pas seul, Dieu merci.

II

On m'a supposé plus d'illusions que je n'en ai eues. J'ai su, dès le premier jour, et j'ai dit, en écrivant la *République neutre d'Alsace*, que cette transaction aurait le sort de toutes les transactions: qu'elle serait au début repoussée par tout le monde. Les choses se sont exactement passées comme je l'avais prévu, et si j'ai été trompé, c'est plutôt en bien.

L'Allemagne, marchant avec cette discipline qui convient mieux à une armée qu'à une nation, a refusé d'écouter: je m'y attendais. Elle ne changera pas, tant que le mot d'ordre n'aura pas été changé à Versailles.

Quant à la France et à l'Alsace, leurs dispositions ne sont un mystère pour personne. S'il faut que nous nous séparions de compatriotes dévoués, si la question de fait est résolue, si la guerre est finie, l'immense majorité chez nous se prononcera pour la république neutre d'Alsace. Nous demanderons aux puissances médiatrices d'agir avec fermeté dans ce sens, et l'opinion n'est pas éloignée en Angleterre de se rallier à une semblable transaction.

Doute-t-on des sentiments de l'Alsace, qu'on la consulte. Un de ses citoyens publiait, dès le mois d'octobre, une histoire remarquable du bombardement de Strasbourg, avec cette épigraphe significative : *Français ne puis, Prussien ne daigne, Strasbourgeois suis.*

Laissez-moi citer un autre témoignage. Le *Times* publiait, après la prise de Phalsbourg, une lettre dans laquelle son correspondant racontait l'entretien qu'il venait d'avoir avec l'auteur du *Conscrit*, M. Erkmann:

« Je mentionnai la proposition faite par M. de Gasparin pour la neutralisation de l'Alsace et de la Lorraine germanique, exprimant mes craintes que, si cette proposition était acceptée, elle ne fût rendue impossible par la propagande active et l'agitation que la France maintiendrait dans ces deux provinces. — C'est possible, probable, dit M. Erkmann : il y a de grandes difficultés, mais il y a aussi des avantages. Notre pauvre Alsace, qui a été depuis des siècles le champ de bataille des Teutons et des Gaulois, en bénéficierait. A peine un siècle, une génération se sont-ils passés, sans qu'elle ait vu des villes bombardées, des villages pillés et dévastés par cette misérable lutte, dans laquelle elle n'a eu ni voix au chapitre, ni liberté de choix. »

Je ne puis tout citer. M. Erkmann croit fermement à la possibilité de créer un pays neutre, très indépendant et très respecté.

Réussirons-nous? Ceci est une tout autre question. Ne confondons pas les questions de succès et les questions de devoir. Presque toujours ce qui est bon est déclaré impossible. Lisez l'histoire; il n'y a jamais que l'impossible qui ait valu la peine d'être voulu avec passion; je dis plus, il n'y a que l'impossible qui ait réussi. Quoi de plus impossible que la conquête du monde romain par l'Évangile? Quoi de plus impossible que l'établissement de la liberté religieuse en Europe? Wilberforce aussi poursuivait l'impossible, lorsqu'il demandait l'abolition de la traite. Les adversaires de l'esclavage américain étaient des rêveurs, à la recherche de l'impossible!

Aussi n'ai-je garde de me décourager, parce qu'on déclare l'Alsace neutre impossible. Succès à part, il importe que ce qui est bon se montre au grand jour. L'Alsace neutre, s'il le faut, attendra son heure.

III

Nous nous y prenons un peu tard, je ne l'ignore pas, et si l'on avait daigné consulter la France plus tôt, l'assemblée élue par elle aurait pu agir avec de tout autres chances. Cela est triste à dire. Nos représentants convoqués à Bordeaux vont avoir à opérer une liquidation désastreuse; les beaux résultats de la politique de guerre à outrance pèseront sur eux de tout leur poids. Mais plus leur tâche sera pénible, plus ils auront besoin d'être soutenus par nos sympathies.

La négociation de la paix prend, au reste, entre les mains d'une assemblée, un caractère de dignité qu'elle ne saurait avoir dans la même mesure aux mains d'un gouvernement. Une assemblée ne demande pas la paix, elle fait connaître les conditions que le pays est décidé à souscrire. Elle formule publiquement le programme français; elle le confie à l'intervention des puissances médiatrices.

Le rôle de celles-ci va commencer. Soyons justes : jusqu'à présent, il ne leur a pas été très facile d'agir, et je trouve qu'on a été sévère envers elles. A part le premier moment, où leur blâme nettement exprimé aurait peut-être arrêté Napoléon III, je ne vois pas trop ce qu'elles auraient été en mesure de faire, notre politique de guerre à outrance leur refusant le point d'appui dont elles avaient besoin. En vérité, c'eût été trop exiger que de leur demander, soit de proposer des termes de paix, quand la France n'en admettait aucun, soit de prendre les armes et de se mêler à la lutte.

Maintenant, si le vote de notre Assemblée nationale vient leur fournir un terrain sûr, si la France les met à même d'offrir en son nom un très grand sacrifice, un changement énorme dans les situations réciproques aux bords du Rhin, les médiateurs pourront agir.

Ce sera un moment unique, une occasion à saisir avec énergie et décision; il faut prendre l'occasion aux cheveux dès qu'elle arrive ; elle est chauve par derrière, comme chacun sait. Passé ce moment, ce court moment laissé aux médiateurs, tout sera perdu : la guerre recommencera, ou la paix écrasante se fera.

Je n'ai pas à dire lequel de ces deux malheurs sera le plus grand ; je dis que dans l'un et l'autre cas les médiateurs auront assumé une responsabilité effrayante, pour peu qu'on puisse accuser leur négligence et leur faiblesse. Il dépend d'eux d'être très forts à l'heure qu'il est : il y a un bruit de paix dans l'air ; il y a un prodigieux besoin de paix dans les cœurs ; il y a une fatigue, je me trompe, une horreur et un dégoût de la guerre ; il y a un pressentiment presque universel des calamités, des tueries nouvelles, des héritages de haine, des débordements d'ambition, des prépotences et des servitudes que préparerait la paix écrasante : celle qu'on formule à Berlin, M. de Bismark nous en a lui-même averti, non comme une paix, mais comme un moyen de mieux commencer la prochaine campagne.

Si les médiateurs ne sont pas appelés à combattre, ils sont appelés à parler haut et ferme. Une médiation pusillanime, qui craindrait de se compromettre, soulèverait aujourd'hui un sentiment d'indignation. L'Europe a le droit de compter sur une médiation qui sera quelque chose, qui proclamera ce qui lui paraîtra juste, qui fera appel à l'opinion, qui ne s'enfermera pas dans une prudence égoïste, sous prétexte qu'elle redoute un échec.

J'ai parlé d'un échec ; il faut tout prévoir par le temps qui court.

N'avons-nous pas vu les organes de la Prusse poser cet axiome passablement étrange en droit public : Nous avons été seuls dans la guerre, nous voulons être seuls dans la négociation de la paix !

Seuls dans la guerre ! Fallait-il donc que d'autres puissances y prissent part ? Pour devenir médiateur, est-il nécessaire d'avoir été belligérant ? C'est le renversement de toutes les notions reçues ; c'est le refus catégorique de toute médiation ; c'est la négation de tout concert européen. Disons mieux, c'est la négation de l'Europe elle-même : s'il n'y a plus de médiation, il n'y a plus d'Europe. Il ne reste qu'un vainqueur hautain, qui n'a point de comptes à rendre, qui a signifié sa volonté, qui s'y tient, et qui fera durer ce régime de l'entêtement superbe et de la force indiscutable, aussi longtemps que durent d'ordinaire ces régimes-là.

Espérons qu'il n'en sera point ainsi. Mais en fût-il ainsi, le devoir des médiateurs resterait le même.

Ils n'auraient certes pas fait un acte inutile, quand les termes d'une honorable transaction auraient été fermement indiqués par eux, quand l'adhésion de l'Alsace, quand la résignation de la France, quand l'appui chaleureux de l'opinion européenne, auraient donné son vrai caractère au refus du gouvernement allemand.

Peut-être celui-ci y pensera-t-il à deux fois, avant de mettre au défi les grandes puissances. On a beau être très vainqueur et très entêté, on n'aime pas mettre tout le monde contre soi. La guerre implacable se comprenait, quand la France n'offrait aucune concession réelle; la paix implacable se comprendra moins, si la France offre une concession considérable, jugée suffisante par les médiateurs, assurant à la fois l'inviolabilité des frontières allemandes et la tranquillité générale du monde.

Rejeter tout cela, ce n'est pas commode. Et qui sait même si notre Assemblée nationale, adoptant une ligne de conduite qui a déjà été indiquée, ne remettra pas purement et simplement un blanc-seing à l'Angleterre et aux autres puissances médiatrices? si elle ne se déclarera pas prête à accepter d'avance, le moyen terme qu'elles trouveront juste de fixer?

Il est possible toutefois, je le répète, que l'Allemagne écarte brutalement toute intervention ; qu'elle nous mette en demeure de répondre par un oui ou par un non immédiat à ses conditions immuables, ajoutant qu'en cas d'ajournement ou de refus, elle recommencera cette guerre devenue impossible pour nous, et nous menaçant, par surcroît, d'organiser une restauration impériale. Ce qui est possible aussi, c'est que nous cédions à cette double menace. Démoralisée comme elle l'est, la France est capable de passer d'un extrême à l'autre; de tout accepter aujourd'hui, comme elle a tout refusé hier; de quitter la guerre à outrance, pour entrer sans transition dans la résignation absolue; de signer le traité dicté par

M. de Bismark : l'abandon de l'Alsace, de Metz, et je ne sais combien de milliards, après avoir repoussé avec indignation l'autre jour l'idée d'une neutralité alsacienne.

Si cette paix-là se fait, elle sera bien l'œuvre des deux politiques de guerre à outrance : de l'allemande et de la nôtre ; et la nôtre n'y aura pas moins travaillé. Cette paix-là sera effrayante, car elle ne produira pas un atome d'apaisement. Nous pourrons faire alors comme M. de Bismark : nous préparer à la prochaine campagne.

L'épuisement financier de la France, qui aurait été une garantie avec la paix modérée, ne sera, avec la paix écrasante, qu'une cause nouvelle de convulsion et de désespoir. Les désespérés sont dangereux ; l'échec de la médiation laissera assez d'irritation en Europe, pour qu'on uisse annoncer à coup sûr une épouvantable explosion. Lorsqu'on a entassé les poudres quelque part et lorsqu'on jette des torches enflammées, il n'est pas difficile de dire ce qui arrivera.

Que la guerre recommence après l'armistice ou qu'elle recommence un peu plus tard, après une trève fiévreuse, décorée du nom de paix, nous n'en serons pas moins à l'entrée des longs jours funèbres. On n'aura pas voulu la vraie paix ; on aura le bouleversement universel.

Qui peut dire ce qui sortira de ce nouveau conflit, si soigneusement préparé ? Que sera la carte de l'Europe dans dix ans, dans vingt ans ? Que deviendra l'unité allemande ? Quelles puissances auront grandi, quelles puissances auront sombré ? Quel obscurcissement se sera produit sur notre Europe ? Quel recul de la civilisation aurons-nous subi ? En tout cas, les petits pays auront rencontré des périls extrêmes ; ces neutralités, qu'on n'aura pas voulu fortifier en les complétant, auront couru de tristes hasards. Le comte de Bismark est un homme soigneux : le dossier des griefs contre la

Belgique, contre le Luxembourg est déjà commencé, soyez-en sûrs. En s'opposant à la neutralité alsacienne, le comte de Bismark sait ce qu'il fait.

Je l'avoue à ma honte, c'est avec un sentiment de découragement profond que je dicte ces lignes. Si je ne regardais plus haut que la terre, si je ne me rappelais qu'au-dessus des passions des hommes il y a la puissance avec la compassion de Dieu, je me courberais comme tant d'autres, mettant mon manteau sur ma tête, attendant ce qui doit arriver. Mais le Dieu de l'Évangile est là, et le devoir est là aussi.

Je sais ce que l'avenir me garde. Résister aux défaillances après avoir résisté aux violences, c'est un double crime qui ne se pardonne pas.

Injurié pour avoir combattu la déclaration de guerre, injurié pour avoir combattu la prolongation de la guerre, je le serai sans doute encore, pour avoir combattu les deux politiques de guerre à outrance et pour avoir demandé une paix qui soit une paix.

Il n'importe! J'aurai accompli jusqu'au bout le devoir de procurer la paix; je me serai efforcé de défendre jusqu'au bout les idées de paix, contre cet épouvantable débordement de haines dont nous sommes témoins. — Cela me suffit.

Les pages qu'on vient de lire, et dont une circonstance imprévue a retardé la publication, ont été écrites avant la chute de M. Gambetta. La situation, depuis lors, a moins changé qu'on ne le dit, et la politique de la paix est moins victorieuse qu'on ne l'imagine. Si le pays enfin consulté, lui a donné un éclatant appui, le péril reste cependant immense. Vouloir la paix, c'est quelque chose ; vouloir la paix avec ses vraies conditions, c'est tout. Il n'est pas trop tard, quoiqu'il soit bien tard, pour donner à la médiation européenne la base d'un grand sacrifice consenti, d'une libérale transaction offerte par la France.

Valleyres, le 16 février 1871.

POST-SCRIPTUM

ENCORE L'ALSACE NEUTRE

I

L'ALSACE NEUTRE

Lorsque j'ai mis en avant l'Alsace neutre, les gens prudents m'ont dit : Le temps n'est pas aux petits pays.

Je le savais. Aussi ne m'étais-je pas proposé d'être de mon temps, mais d'être de la vérité.

Je n'ignorais pas qu'en Allemagne, comme en France, le courant pousse à la centralisation et à l'agglomération. Raison de plus pour réagir, et pour compléter la ligue des petits États.

Connaissez-vous d'ailleurs, un seul projet sensé, contre lequel ne s'élèvent des objections, mêmes fondées ? Il y a objection à tout. Reste à savoir, lorsqu'il s'agit d'une proposition, si le rejet ne soulève pas cent objections, tandis que l'adoption n'en soulève qu'une.

Toute idée a son côté négatif; or les idées élevées rencontrent plus de négations que d'autres. Les esprits médiocres leur découvrent des inconvénients qui sont réels. Un petit arbre cache une grande montagne ; de même une petite objection, quand on s'en approche trop, cache une grande vérité.

Pour s'assurer de ce qu'a de stupide le rejet d'une idée, par le seul fait qu'elle présente des inconvénients et que sa réalisation peut se heurter contre des chances adverses, il suffit de penser à tout ce qui est bon. Je me charge de montrer les objections très plausibles et très fortes qui se dressent contre les affections, la bienfaisance, les écoles, la liberté, la recherche du vrai, la paix, l'Évangile ! Cela nous empêchera-t-il d'aimer, d'être charitables, de faire instruire nos enfants, d'aspirer à l'indépendance, d'avoir soif du vrai, d'apaiser les cœurs, de poursuivre la vie éternelle ?

Ce qui est bon reste bon. Nous sommes appelés à marcher dans la région des vérités, non dans celle des évaluations de chances.

Pour mon compte, il ne me sera jamais indifférent d'avoir proclamé des idées justes, quel que soit l'accueil que leur réserve l'avenir.

II

COMMENT ON AURAIT DU TRAITER

Les négociations en vue de la paix, devaient s'entreprendre dans un autre esprit.

Un vrai libéral, ayant foi aux idées, aurait substitué l'appel à l'opinion aux stériles conférences à huis-clos. Il fallait le grand jour. Il fallait se servir de l'Assemblée et de la tribune, saisir l'esprit public, mettre ainsi en demeure la médiation.

Si M. Thiers avait proposé la neutralisation de l'Alsace et le rasement des forteresses, dès l'heure même de l'ouverture de l'Assemblée ; s'il avait dirigé dans ce sens l'action et le vote de la majorité, il aurait pu, même à supposer que la déclaration Keller se fût maintenue, donner une base solide à la médiation anglaise, déterminer la médiation des autres puissances, et surtout, obtenir la grande médiation de l'opinion publique.

Qu'après cela M. de Bismark eût persisté, qu'à la dernière heure on eût été contraint de subir ce qu'on a subi, les situations respectives n'en étaient pas moins changées, radicalement.

II

NOUS AVONS FAIT ÉCHOUER LA NEUTRALITÉ

L'Alsace neutre a trouvé de très grands obstacles en Allemagne ; avouons-le, ses plus grands obstacles ont été chez nous. C'est par nous qu'elle a échoué. L'attitude de l'Alsace avant tout, et aussi l'attitude de la France, ont dépouillé cette transaction de tout son avenir. L'idée d'un sacrifice quelconque, n'a pas été acceptée un seul moment.

Je suis très peu touché, je l'avoue, des

protestations fondées sur notre attachement pour l'Alsace. Comment oublier que nous aurions été plus qu'à moitié consolés, si l'on nous avait donné la Belgique en échange? Parlons de notre prestige et de notre grandeur, ne parlons pas de nos affections.

Bien des gens, en France, ont préféré l'annexion à la neutralisation.

Les partisans de la revanche, les vrais chauvins, pensent ainsi. La neutralisation leur déplaît — comme à M. de Bismark — parce qu'elle est la paix, parce qu'elle est le définitif, parce qu'elle calme les haines, parce qu'elle crée un peuple libre, parce qu'elle complète la barrière entre l'Allemagne et la France. L'annexion leur plaît — comme à M. de Bismark — parce qu'elle écarte de fâcheuses idées de paix, de désarmement, de liberté; parce qu'elle ouvre bien large pour la France la porte des revanches, pour la Prusse la porte du militarisme et de la centralisation despotique.

Quant à l'Alsace, elle ne doit s'en prendre

qu'à elle-même, si elle est annexée au lieu d'être indépendante. Elle a eu son avenir dans ses mains. Si elle s'était prononcée, en décembre, lorsque M. Charles Dolfus lui en donnait le signal, la réussite était certaine. L'Allemagne avait beau tenir à son plan, elle avait beau être résolue à n'y rien changer à aucune époque et par aucun motif, cette grande transaction présentée à temps, prenant possession de l'opinion en France et en Europe, aurait eu des chances énormes de prévaloir.

Même en février, si l'Alsace était venue lire à Bordeaux une déclaration dans ce sens, l'Alsace aurait rencontré de sérieuses conditions de succès. La négociation en était changée, la tenue de l'Assemblée aussi ; la médiation était mise en demeure, au lieu d'être mise à l'écart.

Même au dernier moment, l'Alsace neutre pouvait réussir. Tout le monde a remarqué à quel point l'idée de cet arrangement libéral s'était subitement répandue et accréditée, pendant les négociations de M. Thiers.

M. Thiers a-t-il présenté le projet? Je l'ignore. En tout cas, l'opinion de l'Angleterre, celle de l'Europe s'y montrait favorable.

Qu'à ce moment-là, quoiqu'il fût déjà bien tard, l'Alsace se fût déterminée, cette manifestation aurait eu une influence peut-être décisive à Bordeaux, à Londres et à Versailles.

Mais M. Keller et le parti ultramontain, ont tenu à prononcer l'arrêt de mort de leur pays.

M. Keller et les Alsaciens ont dénié, même à l'Assemblée nationale, même au suffrage universel, le droit de détacher quoi que ce soit du territoire. Je voudrais savoir s'ils ont dénié au Parlement italien, le droit de céder la Savoie et Nice. Je voudrais savoir si, en cas de victoire, ils auraient dénié à la Prusse, le droit de nous céder les provinces Rhénanes?

Quoi qu'il en soit, comment ne pas voir qu'aujourd'hui, la question religieuse se trouve toujours au fond de tout?

C'est le parti clérical en Alsace qui, par l'organe de son représentant attitré, M. Keller, a fait avorter le mouvement vers l'indépendance, lui a substitué l'absurde déclaration de Bordeaux, et a décidé l'annexion, à la grande joie de M. de Bismark.

Les ultramontains ont eu peur de cette république, où il se seraient trouvés en majorité, mais où ils auraient subi la surveillance d'une opinion publique, vigilante et éclairée.

Bon gré, mal gré, il eût fallu marcher en avant, dans les voies du droit et de la liberté.

IV

LES CHANCES FUTURES DE L'ALSACE NEUTRE

Convenons-en, nous travaillons de tout notre pouvoir à consoler l'Alsace, la Lorraine, et à faciliter leur assimilation à l'Allemagne.

Les scènes de Paris, cette reproduction grossière de la Terreur, cette révolte contre Dieu, ce mépris de toute justice et de tout bon sens est bien propre, quand on le rapproche de tant d'autres symptômes qui se produisent dans la France entière, à pousser nos anciens compatriotes vers un sentiment de résignation.

L'Alsace éprouve quelque soulagement à ne pas partager nos sinistres folies. La qualité de province française lui semblera moins regrettable, par suite de l'état de dislocation où nous sommes tombés. Échapper aux surcroîts de charges que la guerre laissera après elle, peut compter pour quelque chose aussi.

Ceux qui ont parcouru la Lorraine et l'Alsace — j'ajouterai la Savoie — depuis les derniers événements, croient avoir remarqué ceci : on regrette sans doute, dans les deux premiers pays, d'être séparé de la France; mais on se serait accoutumé bien vite à être une Belgique ou une Suisse, à vivre indépendant, à diminuer les impôts, à n'avoir plus qu'une très petite armée ou qu'une milice.

Je n'abandonne, pour ma part, ni l'idée ni l'espérance de la neutralisation.

Le soin que prend l'Allemagne d'assurer à l'Alsace une existence distincte, une véritable autonomie, sous la seule dépendance de l'autorité impériale, se ressent peut-être un peu de l'influence exercée par l'idée de l'Alsace neutre et indépendante. Peut-être la transition allemande ne sera-t-elle pas inutile à l'Alsace, pour lui faire sentir le prix de la liberté. Qui sait si, dans les voies providentielles, l'Alsace annexée ne prépare pas l'Alsace neutre?

Quand la résignation au sujet d'une séparation définitive sera née ainsi, en France et en Alsace, quand le sentiment des difficultés qu'entraîne l'Alsace possédée de force sera né en Allemagne, quand un empereur ami de la paix portera la couronne, il est permis d'espérer qu'on en viendra de partout à la vraie solution. Pourquoi l'idée de l'Alsace neutre et de la zone neutre, ne reparaîtrait-elle pas alors ?

Le prince impérial n'aime pas la guerre. A son avènement, en présence des résistances de l'Alsace, ne prendra-t-on point la combinaison qui, sans compromettre la sécurité des frontières, sans rétablir la force agressive de la France, sans diminuer les résultats des victoires de 1870, présentera le caractère d'une large concession, d'un grand apaisement, d'une garantie contre des conflits nouveaux ?

Loin d'abandonner l'idée d'une Alsace libre, nous devons nous y attacher de plus en plus. Les idées vraies et fécondes ne se passent pas du temps. Le temps a manqué à celle-ci ; les esprits n'ont pu s'y habituer d'emblée, ni en France, ni en Allemagne, ni en Europe, ni dans l'Alsace elle-même. Les colères d'ailleurs étaient trop excitées; le moment des luttes suprêmes est peu favorable à la réflexion. L'Allemagne avait des partis pris, la France avait des illusions, l'Alsace avait des passions.

Au moment où les chances de neutralité achevaient de disparaître, un homme d'esprit m'écrivait : — « Toute idée juste doit être proposée une fois trop tôt! »

Le temps, ce grand ouvrier, fera son œuvre.

Je vois tant de gens approuver, aujourd'hui, cette protestation contre la guerre qui les indignait en juillet, que je ne désespère pas de les voir approuver un jour l'Alsace neutre, après s'en être indignés quand on pouvait la faire. Peut-être se trouvera-t-il que tout le monde l'a voulue, comme tout le monde a repoussé la déclaration de guerre.

L'Alsace neutre n'est pas une solution passagère et de circonstance : elle sert tellement au contraire l'intérêt commun, qu'on y reviendra tôt ou tard. Sans parler du grand avantage qui résulterait pour la France, d'être enfin séparée du Rhin; d'être enfin délivrée de cette éternelle tentation par l'interposition d'un État indépendant, d'un État ami, d'un État respecté que nous ne pourrions songer à conquérir ; la zone ainsi neutralisée, venant rejoindre la Belgique, réaliserait le rêve de Charles le Téméraire. Ce serait l'ancien duché de Bourgogne, le royaume de Bourgogne si l'on veut, qui se formerait et s'étendrait entre la France et l'Allemagne.

Plus d'un homme politique a regretté la

victoire des Suisses à Nancy. Le duché de Bourgogne répondait à un besoin réel de l'Europe. Louis XI n'a pas fait un grand chef-d'œuvre en le détruisant ; ce n'est pas pour rien, qu'on a vu longtemps subsister cette bande bizarre entre l'Allemagne et la France : une Austrasie, une Lorraine, une Alsace, des villes libres, les trois évêchés, Liége, les Ardennes, les villes libres de Flandre! Le duché de Bourgogne, qui fut si près de devenir un grand royaume, avait absorbé et centralisé tout cela. Uni à la Savoie qui possédait Vaud et qui dominait Genève, il continuait à envelopper la France. Charles le Téméraire aspirait à se faire céder la Provence du roi René. La barrière eût été complète alors, s'appuyant par un bout à la Méditerranée, par un autre à la mer du Nord. Tel était, — tel était du moins en train de se faire — ce long État frontière. Il remplaçait l'extension de l'empire allant jusqu'à la mer, sur la rive gauche du Rhône. Tout n'est pas certes à regretter dans ces combinaisons, et l'indépendance de la Suisse romande a plus de valeur [1].

Notre programme, à nous, qui voulons le relèvement libéral et qui aspirons à la paix, contient l'Alsace neutre et la zone neutralisée. Si l'on n'en revient pas là, nous resterons définitivement dans la crise des guerres sans fin. Comme nous avons eu la guerre de Sadowa après la guerre du Danemark et la guerre de France après la guerre de Sadowa, nous aurons la revanche de 1870, puis la revanche de la revanche!

Notre politique, à nous, qui voulons le progrès et qui aspirons à l'Évangile, notre politique prétend fermer la porte des guerres, tandis que des politiques contraires, en Allemagne et en France, s'efforcent de l'ouvrir et de l'élargir. Notre but étant autre, nos moyens doivent être autres aussi.

L'Alsace indépendante et neutre reste donc

1. J'en conviens, au reste, le duché de Bourgogne formait un État plutôt qu'une nation. On l'a bien vu à la facilité avec laquelle cet échafaudage, auquel Charles le Téméraire mettait la dernière main, s'est écroulé à sa mort.

ce qu'elle était; la seule solution bonne pour tous.

A l'Alsace on devrait joindre le Luxembourg, auquel le roi des Pays-bas ne tient guère, il l'a bien montré, et auquel le peuple des Pays-Bas ne tient pas du tout.

Encore une province moitié allemande moitié française, convoitée par l'Allemagne et par la France, et qui, étant mixte, semble destinée à devenir neutre comme l'Alsace et comme les districts allemands de la Lorraine [1].

Ce pays neutre, qui dès lors ne s'appellerait plus l'Alsace, pourrait prendre le nom de République du Rhin.

Avec trois places fortes de premier ordre :

1. On a fait courir d'étranges bruits. L'Allemagne victorieuse aurait été tentée de rectifier sa frontière du Rhin. Elle aurait convoité ce qui déborde sur la rive droite, Schaffouse et le petit Bâle ; elle aurait offert à la Suisse en échange, la Savoie transformée en canton ou neutralisée, et pouvant être occupée par les troupes suisses.

Jamais proposition semblable n'a été faite. Si elle avait été faite, la Suisse tout entière s'y serait opposée. Il n'y aurait pas eu deux avis sur ce point ; d'abord, parce qu'on

Strasbourg, Belfort et Luxembourg — rétabli — la République du Rhin posséderait cette vigueur propre, dont toute neutralité sérieuse a besoin.

Qu'il me soit permis de le dire en finissant. Plus jaloux que les Alsaciens de l'indépendance de l'Alsace, plus jaloux que nos patriotes à grand fracas de l'honneur de la France, le mauvais Français qui s'est indigné contre la déclaration de guerre,

tient à la neutralité et qu'un profit tiré de la guerre la compromettrait; ensuite, parce qu'on serait loin de regarder comme un profit l'adjonction de la Savoie. Genève sait déjà ce que lui ont coûté les petites adjonctions de 1815, ces populations étrangères aux mœurs suisses et républicaines. L'opinion publique en Suisse a manifesté, avec un ensemble remarquable, la détermination où l'on est : 1° de maintenir la neutralité et de n'accepter aucun avantage que pourrait offrir le vainqueur; 2° de maintenir aussi cette neutralité d'une partie de la Savoie, qui existe en vertu des traités et qui autorise la Suisse à faire occuper militairement les districts en question quand elle le juge nécessaire.

L'empereur Napoléon III avait éludé l'obligation de reconnaître et de régler cette neutralité, depuis que la Savoie était devenue française. Le conseil fédéral a déclaré son intention de s'en prévaloir au besoin, dès le début de la guerre de 1870.

D'un autre côté, on aurait mis en question aussi, chose

l'homme qui a réclamé la paix lorsqu'elle pouvait se faire dans de bonnes conditions, cet homme, ce mauvais Français, a tenu le dernier dans ses mains, le drapeau des intérêts français. Il a défendu la dernière position : la seule qui pût être utilement défendue.

significative, l'indépendance de ces deux neutres, la Belgique et la portion romande de la Suisse.

Ce sont les deux seuls coins de terre où l'on parle français sans être soumis à notre lourde administration, à notre centralisation toute-puissante, à nos lois sur la presse, à notre police et à nos préfets.

L'idée de réunir ces deux coins de terre à la France est une idée sublime dans son genre ; on supprimait du même coup bien des ennuis et bien des gênes ; on arrêtait le mouvement de la parole et de la pensée en langue française. C'est le beau idéal en fait de despotisme, c'est l'absolu; il faut s'incliner et admirer !

Dieu sait, en effet, ce que seraient devenus les neutres, dans une grande *rectification* résultant d'une grande victoire française.

FIN.

TABLE

F. Aureau. — Imprimerie de Lagny.

CALMANN LÉVY, ÉDITEUR

OUVRAGES

DE

M. LE Cte AGENOR DE GASPARIN

	Fr.	c.
L'Amérique devant l'Europe. — Principes et intérêts, 3e édition. Un volume grand in-18	1	»
La Bible, 2e édition. Deux volumes grand in-18.	2	»
Le Bonheur, 8e édition. Un volume grand in-18	1	»
Le Bon Vieux Temps. 3e édition. Un volume grand in-18.	3	50
La Conscience, 6e édition. Un volume grand in-18 . . .	1	»
Discours politiques, 5e édition. Un volume.	1	»
Les Droits du cœur, 3e édition. Un volume grand in-18	1	»
Les Écoles du doute et l'École de la foi, 3e édition. Un volume grand in-18	1	»
L'Égalité, 4e édition Un volume grand in-18.	1	»
L'Église selon l'Évangile, 2e édit. Deux vol. gr in-18.	2	»
L'Ennemi de la Famille, 5e édition. Un vol. gr. in-18.	1	»
La Famille, ses devoirs, ses joies et ses douleurs, 11e édition. Deux volumes grand in-18	2	»
La France, nos fautes, nos périls, notre avenir, 5e édition. Deux volumes grand in-18	2	»
Un grand Peuple qui se relève, 6e édit. Un vol. gr in-18	1	»
Innocent III, 4e édition, Un volume grand in-18	1	»
La Liberté morale, 5e édition. Deux volumes gr. in-18 .	2	»
Luther et la Réforme au xvie siècle, 6e édition. Un volume grand in-18	1	»
Pensées de liberté, 5e édition. Un volume grand in-18.	1	»
Paroles de vérité, 5e édition. Un volume grand in-18.	1	»
Les Perspectives du temps présent, 4e édition. Un volume grand in-18	1	»
Trois Paroles de Paix, 4e édition. Un volume gr. in-18.	1	»
Appel au patriotisme et au bon sens. Brochure. . .		
La Déclaration de guerre, 2e édition. Brochure. . . .	»	50
Les Réclamations des femmes, 3e édition. Brochure. .	1	»
La République neutre d'Alsace, 2e édition. Brochure.		

***

Au bord de la mer, 2e édition. Un volume grand in-18. .	3	50
Bande du Jura. — Les Prouesses, 2e édition. Un vol. gr. in-18	3	50
— Premier voyage, 2e édition. Un volume gr. in-18 . . .	3	50
— Chez les Allemands. — Chez nous, 2e édit. Un vol. gr. in-18.	3	50
— A Florence, 2e édition. Un volume grand in-18 . . .	3	50
A Constan[illegible] -18 . .	1	»
A Travers [illegible] in-18.	3	50
Camille, [illegible]	3	50
Les Horiz[illegible] in-18.	1	»
Les Horiz[illegible] in-18.	1	»
Voyage au [illegible] -18 . .	2	»
Les Tristi[illegible] in-18.	3	50
Vesper, 7e [illegible] . . .	1	»

[P]ARIS. — IMPRIMERIE CHAIX, 20, RUE BERGÈRE, PRÈS DU BO[ULEVARD MONTMARTRE]. — 20802-2.

www.ingramcontent.com/pod-product-compliance
Ingram Content Group UK Ltd.
Pitfield, Milton Keynes, MK11 3LW, UK
UKHW012013240726
13965UKWH00002B/338

9 782013 442213